社造幻想

為什麼地方創生會失敗？

台灣版序

地方創生的「社造幻想」

台灣政府宣布二〇一九年是地方創生元年，我在這年前往台灣的研討會發表演講，並與夥伴包下一輛車，進行為期兩週的環島旅行。我們從城市進入山區，也參觀了港口，看見台灣各地方所採取的行動。

我走訪當地所感受到的是台灣與日本的相似性。

當然在台灣能夠看見當地固有的文化以及獨自的計畫，但台灣所面臨的地方衰退課題及其結構卻與日本十分相似。

台灣與日本相似的大環境

兩國的共通點在於，人口從地方往都市集中，而且都少子高齡化。就人口集中於都市地區的比例而言，台灣高過於日本。居住於台灣行政院直轄的六都的人口數，接近台灣總人口數的百分之七十。日本的人口也持續流入都市地區，居住於三大都市圈的人口超過百分之五十一，即使在新冠疫情管制下，人口仍持續流入東京圈。

至於少子化方面，台灣的總和生育率也嚴重低迷，在二〇二〇年為零點九九，比日本的一點三三還要低。雖然直到二〇〇〇年左右都比日本高，但在二〇〇五年左右開始逆轉，下降到比日本更低。總而言之，無論台灣還是日本，總和生育率都已經低於人口替代水準（維持現有人口所需的總和生育率），兩國都面臨無可避免人口減少的情況。

至於高齡化問題，台灣政府也預測二〇二五年將過渡到超高齡社會，高齡化率將超過百分之二十，預計到二〇七〇年將達到百分之四十三點七。而日本的高齡化問題則早台灣一步，二〇二二年高齡化率就已經達到百分之二十九點一。高齡化不僅會降低產業競爭力，也會加劇社會安全問題。這樣的傾向在日本已經增強，所謂的「銀髮民主主義（以高齡者政策為優先的結構）」已經成為造成分裂國內的嚴重社會問題。

此外，就如同日本透過工業實現了國家成長，台灣在這三十年來，也藉由工業領域急速成長的國際競爭力來提升國力。然而，隨著少子高齡化的到來，人口紅利已經轉變成為人口負擔，過去的國家經濟成長模式必須轉換的時代到來。

由此可知，台灣與日本的大環境非常相似。

擺脫仰賴政府與稅收的社區營造

此外，就地方活性化政策來看，也能看到許多基於國家或地方政府稅收的地方活性化事業。而不少人認為地方活性化是政府的工作也是共通點。我和台灣政府高層交換意見時，他們也提到「如果能像日本那樣有更多的經費就好了」，當然有些事情需要經費才能做到，但也有不少經費充足卻衰退的案例。

譬如為了活化地方的場館投資。政府會為了吸引觀光客前往地方而建造資料館或博物館等設施，但光是建設和維護就需要龐大的經費。考慮到這些設施從建設到拆除的生命週期成本，據說維護管理所需的費用是建設的三倍。這些地方的大型場館即便使用國家的經費建設，基本上維護費用也必須由地方自行籌措。這使得地方愈來愈難以負擔這些費用。而且政府一旦插手，「盈利」面的考量就會減弱，最後就會對補助金上癮，如果國家或地方政府不提供補助金，就什麼也無法做。

國家的支援導致不必要的設施增加，這些設施的維護費成為不必要的重擔，導致地方愈發衰退，這樣的狀況無論在日本，還是我在台灣環島時都經常看到。日本也好，台灣也好，成功的案例都是由民間企業或是有經營手腕的成功者所成立的民間財團所投資、經營的事業。換句話說，地方事業最重要的是必須由民間主導。

「盈利力」比「募款力」更能夠改變地方

地方創生指的是振興地方產業與經濟，持續獲得地方發展的行動。就算地方居民達成共識，也不代表事業就能持續，而政府提供補助金也不保證能夠成功。這點無論是台灣、日本還是任何國家都一樣。

為了在地方創造新的活力，必須發展出新的產業與經濟。

以地方為對象的「地方交付稅交付金」制度，在日本實施長達半世紀以上，衰退愈嚴重的地區愈容易獲得補助款，每年補助的金額約十七兆日圓。除此之外也實施各式各樣的補助，是世界數一數二的地方補助大國。但即使如此，地方依然衰退，人口和產業也逐漸縮小。放眼台灣也一樣，傳統大都市與擁有新產業的新竹市等正取得成長。換句話說，無論從國家「募得的款項」有多少，光靠這些錢都很難讓地方持續發展，只有自己能夠「盈利」的地方才能存活下來。

地方就不能發展新產業嗎？沒有這回事。

參觀曾因工業而興盛，後來步入衰退的歐洲各國，都是愈往地方愈顯得生氣蓬勃。這是因為這些地方所發展的，雖然都是葡萄酒、起司、支撐名牌精品的皮革產業與成衣、工藝等低科技產業，但這些在地方具有數百年，甚至將近千年歷史的產品擁有高度評價，並且出口到全世界。這些產業正因為在地方，才能夠扎根並發展壯大。工業曾一度極其賺錢，但高科技、工業總是逐漸轉移到強盛的國家，譬如從歐洲到美國，從美國到日本，再從日本到台灣、韓國和中國。但傳統產業看似低科技，實則沒有那麼容易打造有歷史背景的品牌，所以不容易衰退。

法國人均所得最高的城市是人口只有二點三萬人的埃佩爾奈，因為香檳製造廠的總公司就聚集在該城市。而高仕達（Gosset）據說是香檳地區歷史最悠久的酒莊之一，創立於一五八四年。這樣的歷史積累成為其優勢所在。雖然法國的工業很遺憾地衰退了，但香檳的全球出貨額至今仍持續創下歷史新高。

雖然以有限的「時間」來看，就某種意義來說人口愈多愈容易成長，工業最能夠獲利，但如果以一百年、五百年、一千年為單位來看國家或地方的發展，情況就未必如此。即使人口少、產業的科技成分低，也能夠長期持續成長，不，倒不如說反而更能夠長期持續成長。

本書旨在闡明停下腳步，重新審視那些被認為是「理所當然」的事情的重要性。不能因為「常識」或「當然」而停止思考，持續轉動自己的腦袋相當重要。如果能夠像這樣不斷地自己動腦，就足以挖掘出台灣各個地方的力量，創造出多樣化的發展方式。

我也在放寬邊境管理及隔離期間的二〇二二年秋季造訪台灣。久違的台灣空氣讓我心情雀躍。現在國界已經打開，在台灣及日本以地方為對象創造新產業的夥伴彼此加深合作的時機到來。

改變地方「比起一百人的共識，更需要一個人的覺悟」。

希望因為閱讀本書而做出覺悟的人，能夠和我聯絡和回饋感想。此外，雖然基本上以日語寫作，但我也每天都在網路上更新各種專欄文章，歡迎參考。

從今年開始，我也希望嘗試以韓文、中文等各種語言發表訊息。

木下齊的臉書：www.facebook.com/hitoshi.kinoshita

木下齊的專欄網站：note.com/shoutengai

木下齊的線上廣播：voicy.jp/channel/2028

前言

「地方再生」愈來愈混亂了。

戰後建立的「地方交付稅」交付金制度[1]，至今每年發下約十六兆日圓。除此之外，地方也能就各種基礎建設、農漁業、地方商業、社會福利等項目收到高額相關預算。而且日本自二〇一四年起，每年還將超過一兆日圓的預算挹注到以地方創生為主軸的政策。但就算做到這個地步，人口往東京及其周邊集中的狀況，依然在二〇一九年來到史上最高峰。

根據媒體報導，雖然二〇二〇年之後，因為新冠病毒疫情蔓延，導致人口「加速移居地方」，但從各項人口統計來看，東京的人口外流以埼玉、千葉、神奈川等近郊為主，東京圈的優勢並沒有瓦解的跡象。

為什麼即使國家從戰後持續投入莫大財源，地方仍逐漸邁向衰退呢？為什麼明明有那麼多人千方百計想要振興地方，為此爭取龐大預算，致力於再生事業，結果卻不如預期呢？

這是因為多數地方的人都被困在「社造幻想」當中。

「社造幻想」是一個本質上的問題，大家深信不疑的常識其實悖離現實，但大家卻依然相信、繼續分享這樣的常識，導致地方加速衰退。

就如同圖表的說明，地方的計畫不是只要擁有大量的「人才、資源、財源、資訊」就萬事大吉，還需要能夠挑選和運用這些資源的「思考基礎」。多數失敗的地方再生事業，在著手開始之前，這個基礎就已經存在問題。

在錯誤的基礎上，無論投入多麼龐大的經營資源都必將失敗。成功有偶然，失敗卻沒有偶然。失敗的社造，在初期階段就已經犯下不該犯的錯誤，但不少案例即使在中途失敗，大家依然堅信「這就是地方的事業！」並繼續下去，或者只為了不想被追究責任，大家一起堅持到失敗為止。

這麼做的結果經常是明明耗費了大量勞力與資金，完成的建設卻成了地方需要花錢維護的蚊子館，或者反而消滅了原本應該興盛的當地產業，又或者形成了就算想住也不得不搬走的狀況。

1　譯注：用來調整地方公共團體財政狀況的制度。

在這裡舉一個例子：地方計畫常有一個問題，那就是「該做什麼才好呢？」會這麼問的人，是把思考建立在這個問題有答案的基礎上，並認為只有優秀的人知道答案，所以絕對能夠成功。然而這個問題本身就是錯的，也是失敗的開端。這就是困在幻想裡的人的思考基礎。

這種的人想從其他地方的成功案例等尋求簡單易懂的答案，覺得自己完全不會失敗。而且，執行計畫不是能用別人的錢嗎？只要有這種的「思考基礎」，就會持續失敗下去。因為成功的人根本不會這麼想，他們會自己思考成功的理由，在自己的財力可負擔的範圍內反覆摸索，持續改善。成功的人知道只模仿結果是沒有意義

地方衰退的典型結構

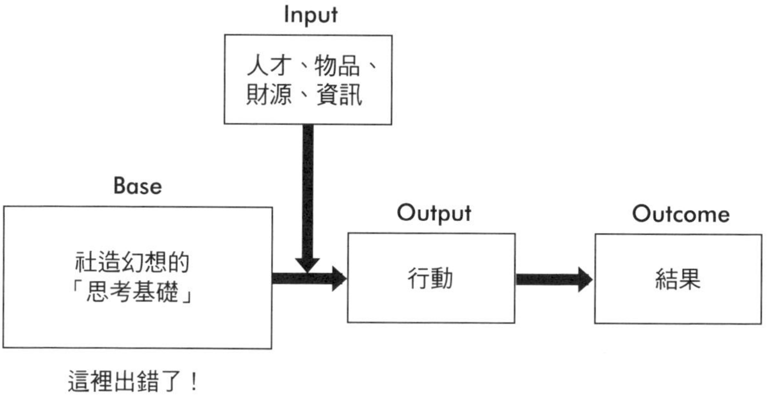

的。說到底，再優秀的人才都不可能光看就知道這個地方需要什麼事業。如果有人發下豪語說「這個地方推動這項事業就能再生」，他一定是詐騙，最好提高警覺。但如果你抱持著幻想，覺得社造存在自己想聽的答案，免不了會輕易上鉤。

如果「思考基礎」像這樣馬馬虎虎，就很難做出成果。就如同無論建築多麼宏偉，如果基礎不穩必定會倒塌。所有一切都從基礎開始。所以，要將持續失敗的地方活性化，理所當然不能只靠小聰明，而是必須擺脫多數人相信的、得過且過的幻想，從重新奠定思考基礎開始做起。

社造幻想的五種類型

本書為了理解大量存在的「社造幻想」並採取對策，將參考「五種類型」進行整理。首先必須知道，「思考基礎」不是一種籠統的存在。我們身為地方的一員有各自的思考基礎，而這個基礎成為我們日常判斷與行動的依歸，所以我將「社造幻想」依照與地方有關的成員進行分類。

希望各位注意的是，每個人的幻想絕非固定不變。畢竟多數生活在地方的人，都同時擁有好幾種立場。舉例來說，①政府單位的決策者如果回到家鄉，就會以地方群體中的一員④的身分行動。外人⑤如果融入地方就會變成④，如果被政府雇用也會站在②的角度思考。

即使獨自一人不會被幻想蠱惑，進入團體也可能被幻想牽著鼻子走。所以必須根據立場與狀況進行確認。這時有必要後退一步，從客觀的角度思考：「雖然看起來理所當然，但真的是如此嗎？」「雖然大家都這麼說，也根據這個說法進行，但真的符合前提嗎？」

我也曾經因為一時大意而被幻想蠱惑，做出錯誤決策，明知道有問題卻依然置之不理。換句話說，所有人在心裡都「希望相信幻想」。

地方的五種成員

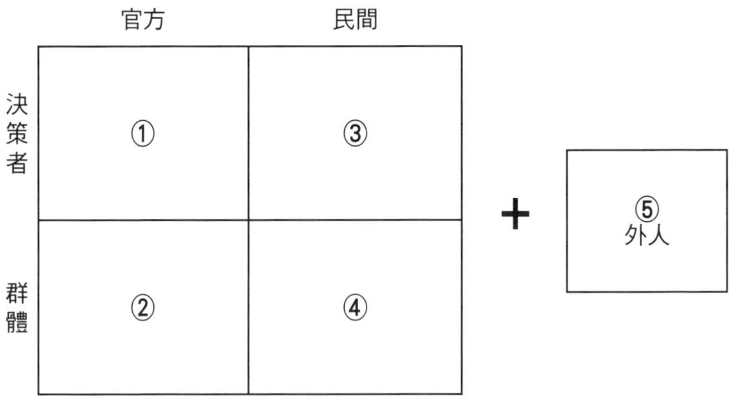

無論在什麼情況下，都不能以為自己肯定不會有問題，我們必須意識到，「思考基礎」一不小心就會困在社造幻想裡，並做出錯誤的決定或是採取錯誤的集體行動。

愈是得到贊同的善意事業愈容易失敗

「思考基礎」與善意或惡意無關。出問題的時候，也有人會說「我覺得這是好事……」但問題不在於動機的善惡。「從善意出發的事業對社造很重要」的想法是幻想，周圍的人愈是贊同的事業反而愈危險。

我也是如此，當身邊的人愈是跟我說「這個事業很有趣」、「這個一定要做」、「我會支持你的」，愈是需要小心。因為不僅自己覺得是好事，身邊的人也贊成和批准的事業，愈容易做得馬虎，而計畫愈不仔細，愈難做出成果。遭到反對的事業反而因為抱持著「絕對要成功」的想法，會擬定鉅細靡遺的計畫，經過仔細計算，所以能夠如預期般進行。

幹勁十足卻適得其反

時光匆匆飛逝，我從高中開始參與地方事業，至今已超過二十年。這段期間，看過不少曾經指出現狀問題點、主動進行改革的年輕人或中堅分子在年歲漸長，並成為地方的有力人士後，不知不覺陷入了「社造幻想」，反而成為導致地方狀況惡化的罪魁禍首。該說是換了位子就換個腦袋嗎？原本該是改革現狀的人，反過來成了被改革的對象。

然而，包含我在內，都覺得這樣的狀況，明日也可能發生在自己身上。

因為站在決策立場的人，容易把其實導致衰退的做法視為理所當然，是直球對決。就連年輕時覺得這麼做「不合理」的人，也逐漸跟不上時代的變化。他們持續遵照錯誤決策所下達的指令，只要提出異議就會被駁斥。在這種情況下，不知不覺間變得相信幻想，跟著做出錯誤決策。或許是因為不再質疑幻想，以及屈服於同儕壓力，在地方比較容易被認為是好人，也更容易分配到預算、取得經濟上的成功，但這樣的結果導致沒有一個地方能夠停止衰退，整個日本也逐漸失去活力。

我認為，不管是多麼無力的決策者，或是在構成組織或地方的群體中微不足道的其中一名成員，甚至是與那個地方沒有淵源的外人，只要能夠重新質疑「社造幻想」，根據各地方的實際狀況作出決策和採取行動，都能逐漸累積成果。

所以本書除了說明造成地方衰退的「社造幻想」，也將整理出失敗的原因。

隨時檢查與累積才是捷徑

地方需要的不是從一場大豪賭中取得重大成功。那些號稱能夠引爆地方活力的地方計畫，最後卻在另一層意義上爆炸，類似這樣的案例我已經在日本各地看過。現在地方需要的是避免重大失敗，或至少不要讓後世空留遺恨。

舉例來說，一旦地方公共團體在豪賭中失敗，事態就會變得難以收拾。因為現在的日本不存在地方公共團體破產法，導致以前留下的重大失敗，只能由後代收拾殘局。夕張市就是具體的例子，前人在經濟轉型之後，濫用國家給的龐大補助卻依然做不出成果，造成地方的財政負擔。這樣的狀況一再重複，最後為了掩蓋這場失敗，靠著向市內的銀行貸款長期作假帳，導致地方公共團體的財政陷入極度貧困的狀況。一個標準財政規模約四十五億日圓的地方公共團體，實質負債金額卻高達六百億日圓以上。

這場重大失敗導致現在的世代即使努力賺錢，收入也都拿去償還以前的債務。這麼一來不要說活性化了，甚至連政府的服務品質也愈來愈差。夕張市在二〇〇六年成為「財政重建團體」[2]之後，育兒世代人口數在十年間腰斬。因為對於家庭開銷不斷增加的育兒世代來說，持續削減政府服務的夕張市已經變成不易生活的地方。

尋求在短期內谷底翻身的「活性化引爆劑」，也是一種社造幻想。天底下沒有這麼容易的事情。持續衰退長達五十年以上的地方，怎麼可能只靠著大型計畫就在一、兩年內復活呢？這就像是鞭笞一名長年臥床的老人，逼迫他參加短跑比賽一樣。這麼做只會導致他變得更加虛弱，根本不可能獲得優勝。

這不只是政治或政府的責任。不論是期待從事業中分一杯羹的民間企業高層，或是在選舉時把票投給推行這種政策的候選人的選民，甚至袖手旁觀的地方民間團體都是共犯。而成為被害者的，就是沒有選舉權的孩子，以及日後即將誕生的世代。

唯有腳踏實地累積一個又一個的努力，並隨時從根本之處檢查想法與觀念，才是終究通往成功的捷徑。

許多成功的地方看似經歷了一場華麗大挑戰，但全部都只是平常不起眼的努力所累積起來的成果。這些地方的領導者看起來就像超人一樣了不起，但這終究是結果論，任何人都只不過是個凡人。他們即使飽受周圍批評，依然與夥伴們隨時檢視自己的想法，累積平凡的努力，最後創造出其他地方無法產生的變化。

閱讀本書時，請務必一邊對照自己家鄉的狀況、每天遭遇的問題，以及內心抱持的疑問。我想本書或許能夠成為一個機會，幫助你與周遭的夥伴討論，檢查彼此的想法是不是幻想。改變地方首先就從改變自己的思維、改變日常生活做起。或者倒不如說，如果連自己的思維都改變不了，更遑論改變地方了。

2 譯注：根據日本的地方財政重建促進特別處置法（現已廢除），陷入破產狀態的地方公共團體可在擬定重建計畫後，向總務大臣申請批准成為「財政重建團體」，有點類似申請破產的企業。

第一章 「疫情為地方的時代揭開序幕」是一種幻想

地方的事業為什麼總是依賴幻想呢?問題就出在不查證的態度。在地方相關事務的領域,特別容易相信說話大聲的人帶來的謠言,或者對媒體報導的含糊資訊照單全收,因此經常做出錯誤的判斷。

地方報紙當然也有出色的報導,這些報導也可能改變地方,所以我的意思並不是要大家「不能相信媒體」。但確實有必要停下腳步,懷疑報導的真實性。

舉例來說,最近常看到「大企業進軍地方」的報導,這類報導就必須注意。整體來說,這方面的報導經常抱持著「創造出幾百個就業機會」或是「大企業終於放棄東京轉戰地方」的論調,但事情沒有這麼簡單。大企業必須滿足幾個條件,才能在進駐地方時帶給地方好處,我們不能無視這些條件就額手稱慶。

1 為什麼大企業設立地方據點不是無條件的善舉

大企業設立地方據點以促進地方活性化已經是半個世紀前的事情，尤其是戰後那個時代，電機產業因為擁有國際競爭力，大企業陸陸續續在地方開設工廠。

但大企業的地方據點能夠活化地方是有條件的。

第一，大企業必須確實支付人事費，保證和總公司一樣聘雇正職員工。如此一來，就能靠薪水（所得）擴大地方的內需。而且在地方開出新的大企業正職職缺，也有助於抑制人口外移。再加上如果當地有礦業或工業相關產業，相關公司也能受惠於垂直整合，誕生新的經濟。

反觀今日，大企業即使在地方設工廠，負責開發的也是薪資體系與總公司不同的子公司或孫公司，雇用的都是非正規勞工。而且有不少公司因為在當地招不到人，必須仰賴外籍移工。

絕大多數的工廠不要說原料了，就連零件也來自各地，當地只負責部分組裝工程。從經濟和產業的相關統計來看，效果都小到驚人，有些地方甚至還讓人忍不住懷疑「這裡真的有工廠嗎？」

換句話說，「大企業設立地方據點必定能活化地方」已經是過時的觀念，如果不仔細檢視雇用條件和生產內容等內情，就不會知道能否為地方帶來益助。

保聖那進軍淡路島獲得好評「令人疑惑」

二〇二〇年有一則新聞，關於大規模人力資源公司保聖那將總公司遷移到淡路島。媒體最喜歡這種「大公司放棄東京，遷移到地方」的故事，因此大肆報導「現在是地方的時代！」但我們不能將媒體的說法照單全收，必須仔細觀察實際狀況。

保聖那在淡路島的事業，主要由「保聖那鄉土育成」這家子公司經營。他們將廢棄學校改建成市集和餐廳，也經營咖啡店。此外，集團內的其他公司也經營豪華露營設施、Hello Kitty 咖啡等。

然而觀察其相關公司的財報，就會發現他們在地方的經營沒有那麼順利。

保聖那集團公布的二〇一九年六至十一月合併財報，顯示的淨利為三億九千兩百萬日圓，與去年同期相比減少百分之三十八。至於在兵庫縣淡路島等地參與的地方創生事業，則認列三億九千六百萬日圓的減損損失。即將在二〇二〇年開幕的主題樂園「二次元之森」，已經虧損超過十二億日圓，認列六億五千一百萬日圓的減損損失。

該公司在這樣的情況下，宣布因為新冠病毒疫情關係，準備將總公司的部分業務轉移到淡路島。換句話說，轉移的只有「總公司部分業務」，不代表將整個總部遷移過去。如果總部沒有移動，法人登記就依然照舊，繳稅的對象仍是東京都。

既無法解決求職冰河期，對地方創生也沒有貢獻

此外，報導中也提到，該公司將以兩年為期限，最多提供一千個就業機會。這個措施美其名是為了解決疫情造成的就業冰河期問題，但細看詳情依然令人吃驚。

這些就業機會以約聘員工等非正規雇用為主，月薪只有正職員工的七成。大學或研究所畢業為十六萬六千日圓，短期大學或專門學校畢業為十六萬一千日圓。而且員工需要住在淡路島，宿舍費為兩萬六百日圓，餐費則為三萬九千六百日圓。如果再加上研習費、社會保險費、稅金等零零總總的花費，實際到手的薪資已經所剩無幾。這些從非正

規雇用展開職涯的員工，兩年後就結束雇用契約，不禁讓人懷疑，保聖那是否打著如意算盤，希望在第三年之後將這些人吸納為自己公司人力派遣事業的資源。

這樣的雇用條件完全就是「就業冰河期」將再次到來的象徵，完全無法拯救冰河期世代。

如同我在本章開頭的說明，進軍地方的大企業，必須提供正職職缺，並支付與總公司同等水準的薪資，才能為地方帶來幫助。保聖那不僅薪水低廉，提供的是非正規雇用，如果還收取房租、餐費、研習費，那麼這些員工能花在地方上的錢將非常有限。

如果只看報導內容，會覺得保聖那的措施有益地方，但細看詳情就會發現很多部分都不是這麼一回事。所以說，不隨著新聞標題起舞非常重要。

撤退成為公司市鎮的風險

經營地方最重要的不是暫時性的成果，而是設計中長期的穩定基礎。

穩定不是指沒有變化，而是確實掌握變化的程度。地方公共團體卻罔顧這點，只想著要一口氣大量增加經營概念與地方關聯薄弱的設施，而這麼做將對地方的經濟和財政帶來不小衝擊。如果質問地方公共團體，要是這些設施撤退了該怎麼辦？他們通常會回答「想這些也沒用」。但地方祭出了高額補助招攬企業來此設廠，還是希望他們思考一下最後會有什麼「下場」。

公司市鎮是屬於仰賴核心企業的都市經濟，因此一旦企業規模縮小，甚至撤退就回天乏術。譬如豐田汽車所在的豐田市，在雷曼衝擊那時候，因為豐田汽車的法人稅大幅減少，市政府的預算編列也陷入膠著。

又譬如新日鐵（現在的日本製鐵）的衰退，帶給北九州市重大影響，但在半個世紀前，誰也想像不到新日鐵的業績竟然會走下坡吧？此外還有旭化成的公司市鎮宮崎縣延岡市、因為宇部興業而繁榮的山口縣宇部市中心、日立集團所在的茨城縣日立市等，日本全國各地都存在著陷入膠著的公司市鎮。

地方產業重要的不是仰賴部分強大的企業，而是層層的累積。所謂層層累積，就是靠地方資本中長期持續下去。如果隨隨便便就招攬外資或企業，那麼當他們覺得「這裡已經不行了」，並對這個地方棄之不顧的時候，地方就會立刻墜入深淵，而且爬得愈高就跌得愈重。

地方需要的企業具備哪些條件

為了在疫情中成為被選中的地方，符合哪些條件的企業才能有效發揮功能呢？

在東證一部上市的企業「札幌藥妝控股」（SATUDORA HOLDINGS）就是一個好例子。該公司是以北海道為中心發展的連鎖藥妝店。

札幌藥妝當然不只是從地方誕生的企業，集團中也有許多不同領域的公司，而且該企業開放員工從事副業，不須申告。整個集團的員工超過八百人，從事副業者就占了百分之十。

此外，該企業還在札幌市內設置了先進的複合式設計據點，結合總公司、共享辦公室與店面，並與北海道外的企業合作，在開放的環境下開發出有魅力的商品。

由此可知，地方企業如果能像這樣提供地方多元機會，就能聚集優秀的人才，創造出新的活力。

SAKURA internet 位於北海道的數據中心，也是符合前述條件的事業之一。

北海道對於數據中心而言，因為具備冷卻所需的能源，有著成本較低廉的優點。該公司剛開始經營北海道的據點時，也和其他公司一樣，在地方採取和總公司不同的雇用型態，但人才流動率高，在招募方面也煞費苦心。因此該公司決定將所有地方員工轉成和總公司一樣的正職員工，此後終於不再有人離職，公司也得以穩定經營。

SAKURA internet 能夠做到這點，一方面是因為該公司屬於高附加價值的網路相關企業，但另一方面，該公司的社長田中邦裕也提到正當雇用的重要性，不能只是一味地壓低人事成本。

過去曾有一位名為大原孫三郎的知名經營者，曾擔任過倉敷紡績等公司的社長，並首度將研究及實踐勞工環境改善的勞動科學引進日本。

大原孫三郎對於一味剝削勞工的經營方式提出質疑，積極提供更舒適的勞動環境與宿舍環境，譬如管理工廠的室溫，同時投資人力資源，給予員工適當的教育訓練。儘管周遭的董事都勸他「不要浪費這些錢」，但他依然堅持下去。最後員工的工作意願提高，工廠的勞動生產性也顯著改善，該公司的業績成長幅度也大幅高於其他競爭對手。

此外，還有一家名為 SEA CRUISE 的企業，在熊本縣上天草經營定期船舶、觀光船與小型港口。SEA CRUISE 雖然是地方的中小型企業，但鼓勵員工利用淡季休長假，也經常設計高附加價值的服務，規劃出地方單價最高的觀光船，聚集了來自全國各地的人才。SEA CRUISE 以適當的價格招攬適當的旅客，因此能將惡質旅客排除。他們的員工離職率也低，一旦開出職缺，不只地方知名大學，甚至東京都內的男女求職者都蜂擁而至。就算是服務業，這個時代也不再是只要剝削員工，靠著低價招攬大量顧客就能獲利了。

無論是源自內部還是來自外部，只要擁有這類型企業的地方，就能聚集更多企業。儘管遠端工作因為疫情而發達，但如果什麼都不做，人與企業也不會主動從東京過來，因此首先必須靠自己展開進階措施。如果你的思考基礎還是認為，只要招攬來自外部的大企業，他們就會想辦法解決問題，勸你盡早拋開這樣的思維，因為最重要的還是先從改革自己的公司做起。

西班牙個人所得最高的區

西班牙的巴斯克自治區，是近十年來個人所得最高的區。當地的失業率低，政府部門的負債比例也大幅低於西班牙的平均。當地擁有堅實的經濟基礎，雷曼衝擊時的經濟衰退程度，也低於西班牙整體的衰退率。而巴斯克自治區的聖塞巴斯提安（San

Sebastián）最近也成為知名的美食之都，擁有全球相對於人口比例最高的星級餐廳數。我曾在五年前拜訪那裡，目前持續與當地交流，並希望能在疫情結束後再次造訪。

那麼，為什麼巴斯克自治區能夠實現如此永續的經濟呢？

這個地方特徵之一，就是擁有數千個「勞工合作社」。這個名詞對日本人而言相當陌生，簡單來說，勞工合作社是一種組織，讓員工在自己出資的公司工作，可以把員工想像成持有公司股份的股東。蒙德拉貢（Mondragon）是最知名的大型勞工合作社，整個集團的合併營收超過一點六兆日圓，雇用的員工多達十萬人。

這樣的企業模式大量存在於地方，能夠為地方經濟帶來兩大好處。

第一，勞工合作社詳細規定勞工與經營者之間的薪資差距規定，經營者不可能取得法外收入。因此員工身為合作社的一分子，能夠得到相對較高的薪資或分紅，人們的平均所得一般來說也比較高。

第二，像蒙德拉貢這種勞工合作社，採取的是與消費者合作社混和的型態，同時經營購物商場、便利商店與熟食店等，支撐著地方內的消費。換句話說，當地人在當地人出資經營的商店購物，於是地方消費所產生的利潤，又回饋到當地人身上。

那麼日本的情況呢？

日本人是否都只在地方以外的大型購物商場，或是在東京資本的連鎖商店買東西呢？這些企業只給勞工遠不及經營者的低廉兼職費，而當地消費所帶來的利潤，最後也都流回東京的總公司。

像這樣的經濟結構差異，導致地方有發展與衰退之別。「只要招攬外地的大企業，問題就能解決」的幻想必須暫時停止並提出質疑。

不妨試著由自己出資，發展自己能做的事業，把資金留在地方循環。如果連活化地方都外包給別人，在這個階段就已經沒有未來。巴斯克貫徹嚴格的地方主義，就連足球隊也只允許巴斯克人參加。我想今天的日本，有很多地方需要向巴斯克學習。

2 「朝東京單極集中已經結束」的假新聞

「疫情導致東京等大都市衰退，人們加速移居地方！」

這個媒體當初在疫情時的報導，是最具代表性的幻想例子。

地方人口因為外移嚴重，感染機率確實比人口密集的都市低，再加上採取遠端工作模式，在哪裡都能上班，造成人們往地方移動應該是實情。但其實，這個觀察有個前提，那就是「東京難生活，地方很美好」，但這樣的前提是幻想。再說，東京不一定好，地方也不一定壞，一切都取決於個人的價值觀。

我與地方的夥伴一起投資和成立地方事業已經二十年，當然樂見地方掀起一股風潮。但媒體上「現在是地方的時代！」的報導，多數看起來只不過是極端且樂觀的觀察。舉例來說，三一一大地震的時候，地方比都會安全的言論盛行，報導中都說許多人從危險的東日本搬到西日本。媒體也指出，他們做了問卷調查，詢問民眾「對地方的關心程度是否提高了」，而回答「是」的人占了多數。不過，也僅止於「關心」而已。當時附和著說「沒錯沒錯，現在是地方的時代」的人，沒有一個人事後有反省。因為沒有反省，又會犯下同樣的錯誤。

只是「關心程度提高」，並不到「採取行動」的地步。

實際上，雖然往東京都內移動的人口直到二〇二〇年下旬持續減少，但這不代表東京都的人口劇減。移出東京的人口，其實也不是移入偏鄉地方，而是郊外。離開東京的人，前三大移居地點分別是埼玉、千葉、神奈川。

我們多少可以觀察得到，擁有約一千三百萬人的東京都，人口並沒有朝著地方移動，而是往東京圈內的埼玉、千葉、神奈川遷移。東京二十三區的人口移入超過一萬三千人，僅次於大阪。整個東京都的人口移入超過三萬一千人，東京圈則為約十萬人。即使遭受疫情這種前所未有的衝擊，東京圈的吸引力依然沒有被逆轉。

換句話說，我們應該這麼想較為妥當：「疫情並未扭轉東京單極集中的現象，人們並沒有往地方移動，頂多只是東京圈多少呈現城郊化。」

很多人都知道，東京都心的人口在九〇年代後期摩天大樓的開發限制鬆綁後，人口才因為高塔式住宅大樓等原因回歸都心。在此之前曾有過都心人口減少，人們將房子蓋在郊外，通勤到都心上班的甜甜圈化現象。雖然疫情多少導致都心的吸引力降低，人口依然持續往都心回歸，只是稍微恢復城郊化，這才是對此時的適當評論。

我也知道這樣的評論太乏味，想要說出「東京的時代結束，地方的時代來臨」也是情有可原。但如果相信了這樣的說法，將會根據錯誤的「幻想」擬定政策或組織事業，這麼做非常危險。畢竟只要看看周圍就會知道，如果某個城郊只要有一個人感染新冠病毒就會人心惶惶，那都心人也不可能厚顏無恥地搬到鎮上。

東京都人口的真相：東京都人口其實持續增加

人們之所以會有這樣的幻想，是因為他們不去看統計數字。東京都的人口真的因為疫情劇減，都往地方移動嗎？讓我們透過統計尋找解答。

二〇二一年一月一日的東京都人口來到一千三百九十六萬二百三十六人，這一年來增加了八千六百人。自一九九七年起，東京都的人口已經連續增加二十五年。「社會增減」（移入減移出）為增加兩萬九千六百一十八人，其中日本人增加三萬七千五百零五人，外國人減少七千八百八十七人。「自然增減」（生育減死亡）則減少一萬八千五百三十七人，其中日本人減少兩萬一千零六人，外國人則增加兩千四百九十六人。

至於二〇二〇年的日本總人口數則減少約五十萬人，東京人口在正負相抵之下仍維

總人口（變化）的逐月變化（2018至2020年）

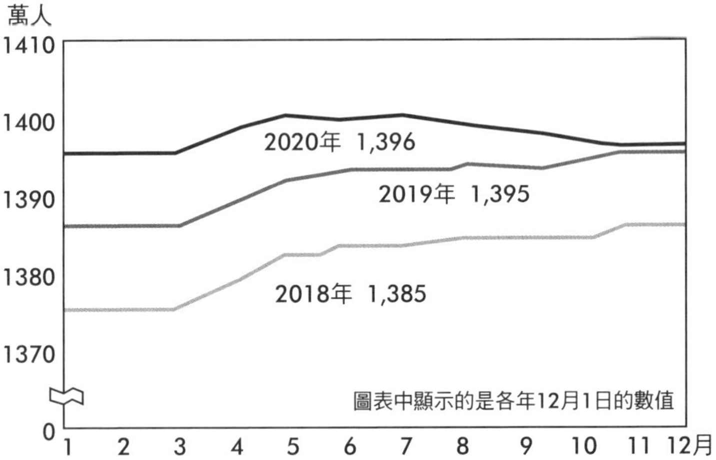

相較於前月增減數的逐月變化（2018至2020年）

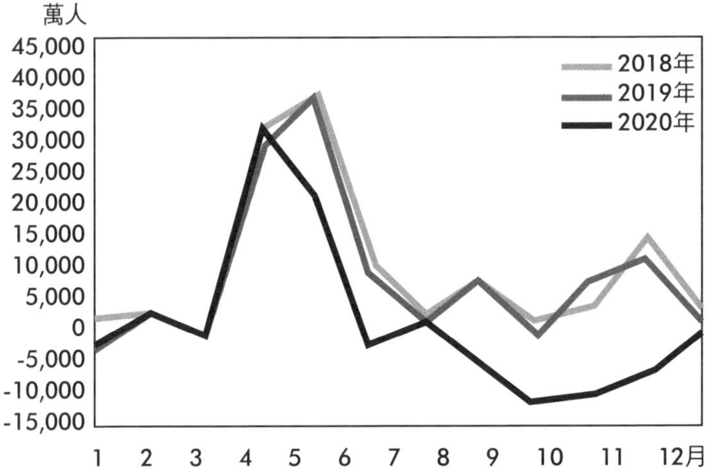

資料：根據東京都的統計製作

不動產行情變化

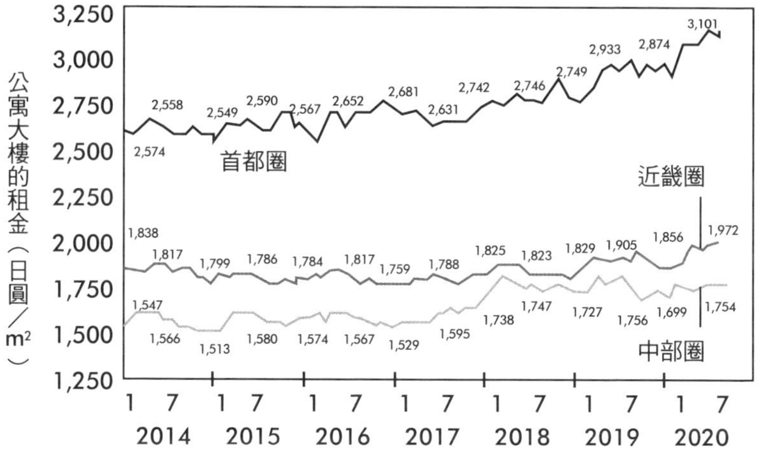

資料：（股）根據東京 Kantei 的資料製作

持增加，因此人口減少還是發生在地方。兩相比較就會發現，「東京單極集中」不僅沒有解決，甚至可說是維持原狀。

東京都每個月都會公布這些統計數字，就算即時追蹤，也能清楚看見東京並沒有人口急速流失的狀況。只要像這樣仔細研讀資料，就會知道大肆報導是過度反應。

不動產市場的反應更真實。即使人口增加趨緩，實際需求依然持續，再加上金融寬鬆的資金供給，東京都內的不動產行情仍維持上漲的趨勢。這樣的趨勢象徵了相對性的東京單極集中仍未停止。

「疫情摧毀都市，人們蜂擁而至地方」的狀況並沒有發生。話說回來，各位原本就不應該再幻想會發生什麼災難導致大量人口從東京移入地方。

天底下沒有白吃的午餐，地方如果什麼都不做，不可能吸引東京的人移居，也不可能平白無故就再生，世界上沒有這麼稱心如意的劇本。先不討論普遍狀況，就單一事件來看，這次的疫情確實有一部分的人選擇往地方遷移，但這些人也有挑選的權利，他們不可能選擇只會等著餡餅從天而降的地方。

換句話說，無論都市發生什麼狀況，地方都只能持續累積自己城鎮的魅力，平常就接納外來人口，振興當地產業，機會才有可能降臨。

3 當地方創生以「人口減少」為出發點時就已經失敗了

前面整理了疫情期間東京都的人口狀況，說到底，「只要人口增加，地方就能活性化」的觀念，本身就是一種幻想。

日本在半個世紀前輸掉戰爭之後，到底出了什麼問題呢？

這個問題包括戰爭導致社會資本遭到破壞，以及面對龐大人口缺乏必要的經濟力。

人口爆炸是社會問題，如何抑制人口成為社會議題。

人口不管增加太快還是減少太快都會造成問題，最理想的狀況是緩慢增加，而日本最後的機會就是第二波嬰兒潮出生的九〇年代後期至兩千年代前期，但日本並沒有抓住這次的機會。日本在泡沫經濟破滅後進入就業冰河期，政府放寬非正規雇用的限制，直接受到衝擊的就是第二波嬰兒潮世代，他們的人生不再適用結婚生子這套劇本。就業冰河期與非正規雇用限制放寬也導致日本內需縮小，成為長期通貨緊縮的一大因素。政府以企業的業績與金融系統的再生為優先，最後反而大幅傷害了日本的基礎。

在這樣的情況下，日本從二〇一四年開始地方創生政策。這項政策奠基於地方消滅論，認為東京單極集中是人口減少的原因，再這樣下去地方將會被消滅。

拿年輕人的人生來維持地方

這項政策最顯著的成果，就是許多在過去從未將「地方」放在心上的民間企業，包含經營高層，都把「接下來是地方創生的時代」掛在嘴邊。許多民間企業開始嘗試與地方共創事業，也開始把眼光轉向新創企業。

但是，「地方因為人口減少而衰退，所以只要解決人口衰退的問題就能再生」這個想法本身就是一種龐大的「幻想」。

人口減少的規模，早已超越年輕人從東京移動到地方就能改善的程度。日本千禧世代的人口原本就少，如果希望靠著他們的生育數追趕上戰後嬰兒潮世代以上龐大人口的死亡數，這本身就是「不可能的任務」。

而且地方的人口減少不是原因，而是結果。地方能夠獲利的產業減少，經濟變成必須仰賴國家編列的預算，教育也被套用到東京的階級體系。這些狀況沒有解決，結果必然造成人口流出。這不只是地方的責任，日本的制度是更大的問題。

日本政府為了矯正地方之間的差距，提撥地方交付稅交付金、公共事業費等戰前所沒有的各種支援補助款項，結果卻導致地方比起強化自己的本地產業，更熱衷於爭奪來自國家的補助款。地方內的產業也都仰賴政府預算，導致能夠獲得更多預算的地方產業，就更容易取得經濟上的成功。於是地方的主力業務從賺取變成討要，儘管地方能透過選舉選出自己的首長，卻失去了經濟財政的獨立性。

東京都是唯一不僅沒有領取地方交付稅交付金，甚至還負擔了四成資金源，約相當於三點五兆日圓的城市，但諷刺的是，東京都的產業規模成長得比任何一個領取補助的都道府縣都還要大。而且，有些地方在戰前因為擁有獨特競爭力的產業聚集而發展起來，戰後卻因為流入縣政府所在地的資金變多，人流、物流也跟著聚集到這些區域。戰後的成長率紀錄高於縣政府所在地的，只有濱松市等一小部分的市鎮。

地方創生原本是一種將權限與財源一併下放給民間，促進地方獨立且多樣的發展，以恢復原本獲利動能的概念，現在卻被掉包成無可逆轉的人口問題。而且最早使用「地方消滅」這個名詞的日本創成會議，用此來形容地方公共團體將因人口減少而無法維持的分析結果，目前也仍處在暫停活動的狀態。現在是整體人口減少的時代，對於地方公共團體而言，進行適當的整併以避免破產，才是最重要的對策。地方公共團體單位配合人們是理所當然，因此為了維持地方公共團體單位，而強制改變人們的生活據點，根本是本末倒置的做法。

一旦將不可能的任務訂為整體戰略目標，無論個別措施做得多好，也無法創造出期望的成果。如果計畫的前提奠定於幻想之上，無論接下來花費多麼龐大的預算、投入多麼多元的事業，都無法帶來結果與成效，地方創生政策就是這個現象的典型。

當初提出的人口移動和人口分散沒有達成目標，安倍政權也在二〇一九年放棄。事實上，二〇一四年之後，流入東京圈的人口不僅沒有減少，反而還呈現增加的趨勢。每年的移入超過紀錄達到十萬人左右，東京單極集中的狀況並沒有改善。但就算目標達成了，我也不認為地方就能活性化。畢竟地方也沒有誕生全新的高附加價值產業，各個地方公共團體只不過增加了幾名或幾十名參與地方事務的人口，他們領取暫時性的移居和定居補助金，加入地方振興協力隊等，得到約三年的微薄收入保障，這樣真的能夠帶來結構性的改變嗎？

受人口論支配的地方活性化理論，不管怎麼看都不可能成功。我們必須拋棄只要人口增加就什麼都能解決的幻想，並帶著長遠的眼光去思考。

需要的是不仰賴人口論的地方活性化策略

話說回來，國家與地方也不是人口少就會完蛋。

譬如從戰前就持續煩惱人口減少問題的法國，人口數只有日本的一半，但貿易收支卻打敗日本。日本就算出口工業產品，也比不上時裝、化妝品、紅酒、乳酪、鐘錶等的進口總值，所以全世界不是只有高科技產業才吃香。

就拿伯納德・阿諾特（Bernard Arnault）當例子，他在旗下擁有LV等許多品牌的LVMH 集團與迪奧（Dior）擔任董事長，並於二〇二一年一月成為全球排名第四的資產家。排名第一的是特斯拉的伊隆・馬斯克，第二是亞馬遜的傑夫・貝佐斯，第三是比爾・蓋茲，而伯納德・阿諾特就是排名僅次於這三人的富豪，排名第五的則是臉書的馬克・祖克伯。這代表以法國巴黎為據點的傳產服飾企業集團領袖，財力凌駕於許多美國高科技富豪之上。

接著把眼光轉向日本國內，北海道的江丹別有一位名為伊勢昇平的藍乳酪生產者，他就持續經營一些有趣的事業。江丹別是旭川市郊外的聚落，現在約有八十人居住。伊勢昇平出生於江丹別的酪農之家，家裡經營一座堅持使用草飼法的牧場。北海道的牛乳出貨行情是一公升約八十日圓，除非從事大規模的酪農業，否則很難在事業上取得成功。但採取草飼法難以把量做大，於是他反過來利用這點，自己製造講究的藍乳酪。這款藍乳酪現在已經成為超人氣商品，從飛機頭等艙到一流餐廳都是他的客戶。

多虧他沒有胡亂增加產量，他家生產的牛乳價值提升，現在換算下來一公升超過一千日圓。他們成為高附加價值的酪農，足以支撐父親、哥哥以及自己三個家庭的生活。他獨特的生活型態也獲得許多人的共鳴，江丹別出現了餐廳，年輕人也聚集起來策劃森林療癒活動等，當地的發展愈來愈有趣。聚落的人口從原本的八十人逐漸增加，但這終究是結果。他運用土地的力量，以當地辦得到的獨特產業建立生活，人們才逐漸聚集過來。雖然只有八十或一百人左右，但大家都過得很幸福。

如果去到法國或義大利等地方都市，就能在牧草地帶或釀酒用葡萄園環繞的小聚落發現出色的餐廳。當地人在傍晚時分聚集，從地下酒窖拿出紅白酒，享用美味的晚餐。看到這幅景象就會知道，不是只要工業化，地方就能獲得經濟上的成功。

江丹別的案例讓我覺得，不是只有法國才能做到，日本在不久的將來也能實現。這些地方聚落與都市也不是彼此對立，都市的消費與聚落的生產是互相連結，彼此扶持。剛才提到的江丹別也一樣，江丹別鄰近旭川市，伊勢昇平的事業，就靠著與當地的都市機能連結，將藍起司從地方運送到海內外才得以成立。

藉由貶低都市來鼓勵人口移居地方的對立思維也只不過是幻想。都市與地方各有各的角色，應當能夠建立適當的合作關係。

我們置身於明治時期之後，為了配合人口爆炸所樹立的社會制度與經濟環境當中，所以我也懂那種想把所有課題都推給人口減少的感覺。但時至今日，我們是否不應該再執著於不切實際的方法，而是正面思考該如何去創造新的附加價值呢？我的意思不是要放棄經濟成長，而是需要一套有別於過去的經濟成長劇本。

4 海外旅客消失拖垮觀光業的虛像

國內旅遊的消費額為二十六點一兆日圓，海外旅客占四點五兆日圓

這幾年，國家基於觀光立國政策將高額經費挹注地方，同時也放寬觀光簽證的核發規定，對於一路攀升的入境旅遊需求相當執著。「日本的地方成長只能靠入境旅遊」的幻想高漲。

但實際前往九州某個全國知名的觀光區考察，就會發現儘管海外旅客蜂擁而至，卻有許多飯店經營者表示「我們因為人手不足，沒辦法接待大量旅客」。仔細詢問才知道，當地雖然有一座擁有兩棟住宿設施的飯店，卻因為人手不足只能開放本館。

考慮到地方的實際狀況，以低廉單價接待大量觀光客根本不合理。即使建造了能夠容納大型郵輪的港口，郵輪的停留時間也沒有多長，而且就算郵輪的旅客都去藥妝店爆買好了，消費的金額也不足以回收投資在港口設施的數百億日圓。

這些招攬海外觀光客的措施完全就是數量理論，道理就和前面提到的人口數競爭相

同。觀光客被稱為「交流人口」，吸引更多的交流人口從海外前來日本的地方是觀光立國政策的基礎，就和鼓勵定居人口從東京遷移到地方一樣。

就在第一線人力吃緊、政策面的投資又不划算的情況下，國際觀光因為二〇二〇年的疫情衝擊而完全喊停，仰賴入境旅遊幻想的地方觀光業完全陷入無以為生的境地。

不過，地方觀光事業真的非得依靠入境旅遊不可嗎？二〇一九年版的觀光白書提供的數字顯示，國內旅遊消費額當中，日本觀光客占百分之八十二點七，海外訪日旅客只占了百分之十七點三。換算成金額，入境旅遊

日本國內的旅遊消費額

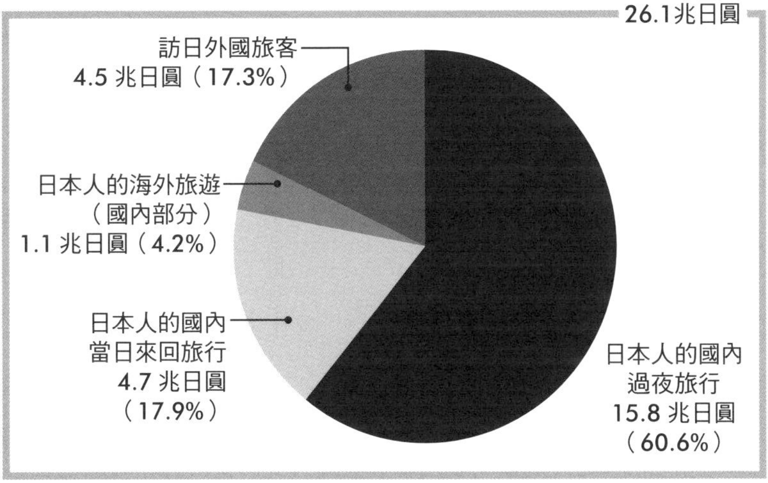

資料：根據觀光廳「旅行．觀光消費動向調查」及「訪日外國旅客消費動向調查」製作

在二十六兆一千億日圓的市場中，只占了四兆五千億日圓。

即使疫情穩定，仍需要再過一段時間才能自由自在地出國旅行吧？觀光廳在二〇一七年度實施的「旅行．觀光經濟效果相關調查研究」顯示，海外旅行的海外消費市場規模達到兩兆八千億日圓。

這些錢在疫情當中當然流入國內消費。政策好壞另當別論，政府希望靠著GoTo Travel活動刺激國內的觀光需求，而觀光需求確實在二〇二〇年十月至十二月大爆發，這也顯示了國內觀光的潛在需求有多麼龐大。

單押入境旅遊的政策應該趁現在重新檢討

即便入境旅遊市場成長，依然只占了國內旅遊的一小部分。更進一步來說，以那些搭乘廉價航空或郵輪等低價交通工具前來的旅客為對象，進行削價競爭，將「薄利多銷」貫徹到底的做法，絕對會在人口逐漸減少的日本造成問題。比起營收，更應該重視獲利率。

人們難免容易把眼光看向成長中的新興市場。造訪地方的訪日外國旅客，很多也都是現在已經減少的「旅行團客」，這些來自亞洲的訪日外國旅客，可說是非常容易做生意的對象。反觀日本旅客的內需，儘管占了八成，卻依然被輕忽。

即使單看在附近走走的當日來回旅行，市場規模也有四兆七千億日圓，比入境旅遊消費的四兆五千億還要大。所以地方應該趁著這次的疫情衝擊，重新思考近在眼前的當地旅客和國內旅客這個巨大市場，不要只把眼光放在來自海洋彼端的客人身上。

5 薄利多銷為什麼會消滅地方

「用低廉的價格，讓更多人認識地方最好」的幻想，不只支配觀光，也支配了地方計畫。無論是觀光、商品，還是地方振興活動，都有那種主打各種東西免費，或者只要銅板價的傻眼企畫。地方之所以會執行這類企畫，就是因為有些人堅信這是一種好的做法。但這種想法正是導致地方逐漸貧窮的元凶。

地方就是因為有農漁業的生產力，才能夠生產食品；就是因為風光明媚，觀光產業才得以成立。那麼，地方為什麼會變得貧窮呢？因為地方以低廉的價格供給這些資源。大家都被「物廉價美是美德」的觀念洗腦了。

都市居民非常感謝地方提供這些物廉價美的商品與服務，因為這麼一來就不用煩惱生活，能夠過得富足。但以微薄利潤生產大量商品的供給方，當然就難以變得富裕。戰後糧食不足的時代，薄利多銷還不是問題，但在連人口都減少的今日，這樣的做法或許不應該再持續下去。而且以地方顧客為對象的當地服務業也不得不跟著降低所得標準，於是做當地生意的人所得被拉低，形成惡性循環。

錯誤的價格戰略隱含著結構上的缺陷

結構上的缺陷導致產地採取錯誤的價格戰略。

因為生產者幾乎沒有買過生產物，例如捕撈海膽的漁夫當然不會去買海膽，種植草莓的農夫也不太可能花錢買草莓，他們不是自己種，就是別人送，幾乎沒有在市場上購買的經驗，所以很難定出在都市販賣的適當價格。

我有個朋友與岩手縣的海膽產地合作，執行線上的產地直銷企畫。當時他就因為定價的問題，與當地人吵得不可開交。朋友假設海膽會在東京都內的壽司店販賣，提議將一瓶的價格定為一萬日圓。用牛奶瓶裝著泡鹽水的海膽，在岩手當地是一種普遍的販賣方式，只不過當地裝在瓶子裡的是盒裝海膽的邊角料，但這次的企畫則是將頂級海膽裝進去販賣，因此這個價格絕對稱不上貴。考慮到塞滿牛奶瓶的海膽量，甚至再把價格訂得更高也合理。

但是漁夫卻大發雷霆，他們說「這根本就是牟取暴利，不可能賣得掉啦！」還逼問朋友「如果賣不掉你要怎麼補償我們？」這時朋友只好說「萬一賣不掉我就全部買下來！」才得以用這個價格在網路上販賣，結果一上架就被秒殺。後來販賣海膽成為每年例行活動，常客當中甚至還出現了東京的壽司店，因為他們聽說在這裡可以用相對低廉的價格買到優質的海膽。

產地往往缺乏面對市場的機會，因此在價格設定與評估商品性等方面免不了居於劣勢。所以就算做產地直銷，也依照自己的尺度設定過於低廉的價格。這樣的價格設定當中，甚至還帶有招待和分享的精神。這雖然沒什麼不好，但如此一來，地方產業就難以延續。他們將物美價廉執行地太過徹底，甚至導致沒有人願意接班，因此是否能夠適當地轉換思維和提高價格，將逐漸成為地方延續下去的條件。

訂價過高會被地方大老抨擊

不只農漁業，就連地方的餐飲業也因為訂價過高而遭受抨擊。

PRESIDENT Online 曾經報導過，北海道日高的靜內，有一家提供當地美食的餐廳AMAYA，他們在轉型成高級餐廳時，就曾遭到當地人批評。不僅如此，在他們開始提供剛解禁的「春海膽」時，這項企畫也招致當地人的謾罵：「如果這麼做客人就會上門，我們還需要那麼辛苦嗎？」但時至今日顧客蜂擁而至，當地的每家店都擺出了春海膽的旗子。

來自石垣島的超人氣飾品店 TILLA EARTH 的平良靜男也說，他在石垣島市中心開設裝潢入時的旗艦店時，當地的前輩也告誡他「這麼浮誇的店在石垣島開不起來，根本撐不了三天。」

如果有人彷彿像是要阻止薄利多銷的惡性循環似的，開始提供高附加價值的服務，就會有許多不看好的人跑出來說「這是牟取暴利」或是「撐不了三天」。

地方大老難免希望自己一直以來的「薄利多銷」就是正確的作法，但這正是導致地方衰退的元兇。

地方需要提供外界更好的商品與服務，創造更高的價格，並藉著漲價轉型成撐得起這個價格的內容。

少人數製作高附加價值的產品，帶來地方長期的繁榮

法國人均所得最高的城市是哪裡呢？

法國所得最高的城市之一，其實是一座人口只有二點三萬人的小鎮，名為艾貝內（Epernay）。什麼！竟然是人口這麼少的城市？各位或許會覺得驚訝，但這座小鎮是香檳酒莊總部的集散地。在全球超過六千四百億日圓的香檳市場中，占有一席之地的一流酒莊都聚集在這裡。艾貝內就是因為人口少，人均所得才會高。

香檳畢竟是以葡萄為原料的加工農產品，因此這座城市幾乎是農地。在日本人的想像中，賺錢的城市應該發展工業，但這裡卻是以農業為中心的恬靜鄉鎮。不過，正因為有著客戶遍布全世界的香檳酒莊，才造就本地的高所得，有些家族經營的酒莊甚至傳承超過五百年。

我曾在二〇一八年拜訪當地一座名為Gosset的香檳酒莊。詢問之後才知道，在漫長的歷史當中，周邊也有一些靠著工業化成功的都市，但時至今日這些都市都已經衰退。但另一方面，就是因為周邊工業發達，才能穩定大量生產盛裝香檳的高強度玻璃瓶，間接幫助了香檳的出口。農業與工業絕非對立，也能彼此互補。他們的經驗也告訴我，比

起產品的規格，那片土地的物產，以及根植於那片土地的歷史與傳統，才是地方長期繁榮的關鍵。

體驗經濟與物質經濟的平衡

「接下來就是入境旅遊的時代了！」一旦陷入與這句口號類似的幻想，不僅將忽視國內市場的價值，也會什麼都能扯到觀光，最後眼光就會只局限於體驗經濟。

從疫情中能清楚看見，物質經濟在國內消費中同樣具有極大份量，地方經濟如果對這點視而不見，就會發展成非常不平衡的模式。有效地在海外與國內（全國與地方）以及物質經濟與體驗經濟的組合中取得平衡，對地方而言非常重要。

疫情導致待在家裡的時間增加，以及透過網路訂購商品的需求擴大。幸運的是，都市人愈使用網路這套機制，就會有愈多的機會降臨地方。

根據東京都的「東京都生計分析報告」（二〇二〇年一月）顯示，勞工家庭的消費支出為每戶三十四萬六千三百五十一日圓。由於政府呼籲非必要避免外出，因此部分支出轉移到網路消費，使網路逐漸成為非常有潛力的市場。就算不把人吸引到地方，全國的物質經濟也透過網路整合在一起。

實際上，家庭的義大利麵需求，就因為疫情而成長。舉例來說，「九州餐桌」所生產的七穀義大利麵就因此熱銷。「九州餐桌」是由堅持使用九州食材製作的九州鬆餅發展出來的品牌，他們在地方熱衷發展入境旅遊的同時，冷靜地結合九州境內的優質食材，敘述故事、製作商品、打造能夠透過網路販賣的系統，因為有這些努力，他們才能抓住這次的機會。

日本有「專注於一項事業是美德」的觀念，但我覺得這又是另一個幻想。能趁著轉型期，適當地多方面延伸觸角的企業，才能維持經營基礎。擁有九州餐桌等品牌的一平集團，旗下有餐飲店部門，也有食品製造販賣部門，甚至還擁有「九州島嶼工作公司」，在九州各地設置了辦公空間，形成一個工作網。他們的多角化發展，在這次的疫情中也有助於穩定經營根基。此外，他們也打破了六級產業化的幻想。六級產業化主張品牌的建立應該以都道府縣或市町村為主軸，他們卻以九州這整個地區的名義開創各種事業，這點也成為他們的優勢。對幻想提出質疑、不受限於常識、創造出新的概念並且付諸實現是一件重要的事情。

過去在地方的人如果想要拿下都市地區的市場，基本上都必須到都市開店。但隨著都市人的工作型態逐漸改變，朝著網路化邁進，現在即使身在地方也能進軍都市地區的市場，不再受限於傳統商圈，有機會發展多樣化的商業模式。創造出自己的主軸，甚至連危機都可能化為轉機。

第二章　做大事不拘小節是天大的誤會

社區營造有許多模糊地帶，例如很多事情都排除個人，站在組織或社群的角度發聲。因此個人的責任感被淡化，決策速度變慢，做事也變得馬虎。

第一章說明了個人容易陷入的幻想，本章則聚焦在官民雙方的決策圈，針對他們的幻想做個整理。因為實際上確實發生過很多地方高層被幻想迷惑，導致地方因為照著他們的誤會推動事業而加速衰退的案例。

1 地域真的只要有預算就能再生嗎？

大家都說個人的努力無法挽回戰略上的失敗。但只靠高層不可能擬定並執行整體戰略。收集龐大的資訊時，為了極力排除幻想，必須仔細檢查收集到的資訊。這時需要的就是找來能夠自己動腦思考的成員，擬定戰略的方向。

高層的工作可以說幾乎九成是「人事安排」也不為過。「和誰一起做」、「交給誰去做」，遠比「做什麼」更重要。

但是，衰退的地方高層，多數都只會到處詢問「我們這裡該做什麼才能活性化呢？」或是「需要多少預算才能做到呢？」這時他們已經陷入了「只要為優秀的事業爭取足夠的預算就能成功」的幻想。

但不管事業再怎麼優秀，爭取到的預算再怎麼高，交給無能的團隊去執行也絕對會失敗。反之，只要成立傑出的團隊，就算剛開始的發展不如預期，最後依然能夠抵達目的地。預算也一樣，只要自己能夠發揮創意，想辦法去賺取不足的部分，就不需要在一開始就汲汲營營爭取充分的金額。

成立一個擁有自發力的團隊是一切勝負的開端。所以高層的工作既不是尋找事業的題材，也不是爭取足夠預算，而是好的人事安排。

日本是個爬到愈高的位置愈不思進取的國家

高層的學習意願在這時逐漸成為問題。近年來回流教育（recurrent education）逐漸受到矚目，但從學校畢業之後，有意願再回去接受教育提升技能的人才，卻隨著年齡增加而減少。

從各種調查中都能看到，對於回流教育的積極性在二十多歲時還很高，但到了五、六十歲，愈接近位居決策中心的年齡層就愈低。這或許該歸咎於年功序列制這項陋習，認為只要讓自己符合組織的需求，未來的發展就能預測，日後總是會有出路。然而當這些人占據決策圈時，就會發生嚴重的問題。

舉例來說，我們目前面對的社會，與現在五十多歲的人剛出社會時的一九九〇年相比，幾乎完全不同。現在的決策圈年輕時接受的薰陶，來自比他們年長超過三十歲的世代在高度經濟成長期的那一套，對於現在當然完全沒有幫助。

因此，在組織外也必須擁有多元觸角，保留適當的學習時間，持續不斷地進修。尤其到了能夠做出決策的年齡層，頂頭上司也沒幾個人，錯誤也不會有人指出來，說不定更容易做出荒唐的決定。請拋棄爬到高位就不需要學習的幻想，因為居於高層的人，更應該比任何人都努力精進。

那麼該怎麼做才能重新學習呢？無論東京、地方或是海外，優秀的人都有一項共通點，就是即使到了做決策的年紀，依然會閱讀大量的書籍。書是最划算、最有助於學習的媒體。

台灣翻譯了我的四本書，我的讀者遍布中央政府、地方公共團體與企業經營層等。台灣政府將二〇一九年訂為地方創生元年，著手加強地方政策。我受邀參與當地的高峰會時，政府負責地方創生的女性閣員也主動對我說「我讀了你的書」，實在很難不讓我驚訝。

而我在二〇一八年前往深圳，以及二〇一九年前往上海參加當地舉辦的都市論壇時，也發現我的書雖然沒有在中國出版，在中國卻有我的讀者。

「這些書是我們去台灣旅行的時候買的。雖然使用的文字有點不一樣，內容還是讀得懂。台灣翻譯日本的書很快，所以我們就一併買回來。」我聽到當地的年輕人這麼說時大吃一驚。廣泛閱讀歷史書籍、他國書籍以拓展視野的決策者與年輕人，做的事情果然都很優秀。

運用超出必要的預算使人疲憊

另一方面，有些決策者在面對衰退的不安時不思進取，只想著要增加更多的事業，連沒有必要的預算都拚命申請。這樣胡亂增加事業數量，就算爭取到大量預算，讓他們有賺到的感覺，但這麼依賴預算經營事業，卻什麼成果都沒有，反倒會使人疲憊。

因為如果將有限的人力使用在爭取預算上，重要的事業就無法專心處理，最後只會賠了夫人又折兵。盲目擴大戰線將會被敵人全部殲滅。

為什麼他們會這麼熱衷於擴大戰線呢？因為在行政組織裡的人，多數都懷抱著「爭取到預算很了不起」的幻想。爭取預算能夠獲得好評，這也是在全國各地建造出許多養蚊子的再開發設施，導致錢財從地方流失的元兇。

不過，就在各地因為地方創生政策而埋首於爭取不必要的預算時，也有做出適當判斷的地方公共團體。

人口約三萬七千人的福岡縣宇美町，這五年的人口數幾乎持平，而當地就放棄申請地方創生相關補助金。他們認為「多數方案都以市町村的廣域合作為條件，適合本町現狀的方案很少」，所以沒有提出申請。因為如果要求職員負責不必要的協調工作，更重要的地方政策就會忙不過來。負責的職員說明「我們不會採取以使用補助金為前提的措施，希望由整個公所一起累積本町自己的想法。」(「『地方創生』阻止不了人口外移『獨特性』是九州地方公共團體的課題」西日本新聞　綜合版 2019/12/22)。

地方公共團體的決策者，在爭取預算之前，必須優先把時間與人才用在擬定適合自己地區的再生策略，思考應該採用哪一套再生劇本。如此一來才能選擇適當的事業，將預算用在刀口上。

「進取、動態」的組織能夠改變地方

經過前面的說明可以知道，官民雙方在地方的人事安排、決策層的不斷精進，以及縮小事業範圍都很重要，而我周遭就有兩個成功實踐這幾個原則的地方。

第一個是以OGAL計畫聞名的岩手縣紫波町，我也在以前出版的書中介紹過。該町的前町長藤原孝不僅向當地居民說明政策，也將町的職員送去接受舉辦工作坊的研習，停止將工作坊外包。他的理由相當具有說服力。

倘若每年以三百萬日圓的預算聘請外部顧問，能夠舉辦的工作坊次數有限，職員也學不到東西，因此就必須每年持續支付外包的費用。相較之下，送職員去參加研習，再貴也只要三十萬日圓左右，就算送去研究所上PFI[3]課程，研習費也頂多只需要一百萬至兩百萬日圓。而且學完之後就能自己設計工作坊了。

職員也因為年復一年舉辦工作坊而逐漸受到外部的肯定。外部要請他們去演講，附近的地方公共團體也前來尋求工作坊的建議。這些都讓他們對自己的工作感到自豪，業

3　譯注：用來調整地方公共團體財政狀況的制度。

務品質也跟著提升。藤原先生經常說「必須創造讓職員能夠帶著驕傲感工作的環境。」

另一個是大阪府大東市。我在大約七年前去大阪某個民間企業的講座授課時，在那裡遇到了該市的東坂市長與東局長。

我和平常一樣高談闊論地說著「賺錢能夠改變地方。地方公共團體也必須自己賺錢，給予社會必要的協助。」雖然東局長聽了我的言論很吃驚，但民間出身的市長卻覺得我說的話理所當然，毫不抗拒地就接受了。

後來他們來找我，希望我針對市的事業提供建議。但我告訴他們，我不做單純的顧問工作，也覺得這麼做沒有意義，甚至還建議他們應該親自報名新成立的官民合作專家學院（現在的都市經營專家學院）學習。我當時心想，反正他們也不會真的去報名，沒想到東局長真的成為學院的第一屆學生。幾乎沒有地方公共團體的主管級人士，會像他這樣花一年的時間回到學校重新學習。

接著到了隔年，建築部門的職員入江女士也來學院報名，她想要體驗 OGAL 計畫的民間事業大樓開發，於是帶著孩子（甚至讓小學的孩子暫時轉學！）前往當地參與。

她在那裡學到了有助於公共事務的建築方法，這種超越傳統僵化投標制度的做法深深打動了她。她現在已經離開公所，自己承擔風險從民間募集資金，成立「大東官民合作事業公司」並擔任社長。

第一個大型計畫「北條地區再整備事業」，在二〇二一年三月盛大開幕。以民間資金為中心，將公營住宅、公園整體改建，甚至邀請民間租賃、商業店面、辦公室等進駐。高層的人親自學習進修讓公所動起來，並在積極的職員推動之下，打破改建公營住宅是政府責任的成見，透過官民合作的方式創造出新價值的計畫，儼然成為一種形式。

地方公民團體的人才爭奪戰，進入「公務員戰國時代」

接下來，願意正視人事安排，並做出改變的地方公共團體，與不願意這麼做的公共團體之間，差距將愈來愈大。舉例來說，四條畷市（大阪府）在二〇一七年東修平市長當選後，立刻向全國招募女性副市長。他後來錄用了瑞可利（Recruit）〈SUUMO雜誌〉的前總編輯林有理，而林女士在此之後也非常活躍。

該市更下定決心開出共七個職種的職缺，招募有意轉職的人才，結果竟然收到超過一千一百份履歷。他們甄選時站在求職者的角度，採取視訊面試等手法，獲得非常好的評價。該市為了爭取優秀人才，除了正式開出轉職的職缺之外，也適當檢討報酬制度與職種權限。東市長表示：「公共團體的人才爭奪戰會更加白熱化，接下來將進入公務員戰國時代。」

從這些例子可以知道，為了創造出不同於以往的地方價值，採取新的雇用型態，徹底改革原本的徵才方式，就會有這麼多的人來應徵。「因為人手不足的關係，到處都缺人」的現象並非實情。如果掌管地方政府或民間團體的高層，只會抱怨「根本招不到人、一代不如一代」，這個地方的人才就會外流。吸引大量人才的民間企業，也還有很多值得地方學習的做法吧？能夠爭取到多少有能力自己策劃、不需仰賴外包的人才，將會影響地方的未來。

2 所有一切都要追求「成功案例」的症狀

不只政府機構，就連地方民間企業的決策層也會陷入「爭取到預算就會有辦法」的誤解。民間企業原本應該把時間花在與客戶、金融機構或投資者等資金來源溝通，但如果一個地方有許多民間企業整天跑政府機構，把這些時間都拿來爭取預算，地方的經濟就會失去活力。創造收入是民間企業的責任，不是政府的工作，但也有不少民間企業的決策層放棄自己的職責。

這些決策層往往偏向於追求速成的答案，「只要模仿成功案例就能成功」就是經典的幻想。每年到某個地方考察成功案例，向政府爭取足以抄襲這個案例的預算，自己試著執行，如果失敗了就尋找下一個題材，再次爭取預算……很多地方都陷入這樣的無限迴圈。

民間的高層不自己思考，追求別人給予的「答案」，將爭取政府預算視為自己的工作，而國家也為了拯救全國各地，將推廣成功案例當成政策。

這三項要素在日本全國製造出大量的失敗。只靠一套方法就能拯救好幾十個、甚至好幾百個地方的魔法根本不存在。各個地方前仆後繼地模仿成功案例，國家也建立一套協助他們的制度，反而才是造成失敗的原因。

推廣造成大量失敗

話說回來，最早跨出那一步的地方，既沒有模仿別人的成功案例，也不是因為有國家補助才執行。事業的題材總是在假說與驗證的過程中發現，當事人在執行的時候也不會知道，他們也不太可能爭取到一筆完整的預算。因為政府會以「做這種事情也沒有意義」、「這樣的計畫無前例可

地方總是在做同樣的事情

某個地方的「隨意」挑戰獲得成功
▼
太了不起了！獲得中央機構表揚
▼
全國的人都來參觀視察，邀請執行者來演講
▼
某個中央機構爭取預算
▼
建立補助制度，模仿成功案例
▼
補助制度全國一致
▼
地方公共團體全部跑來申請預算，
競爭變得白熱化，結果全部失敗

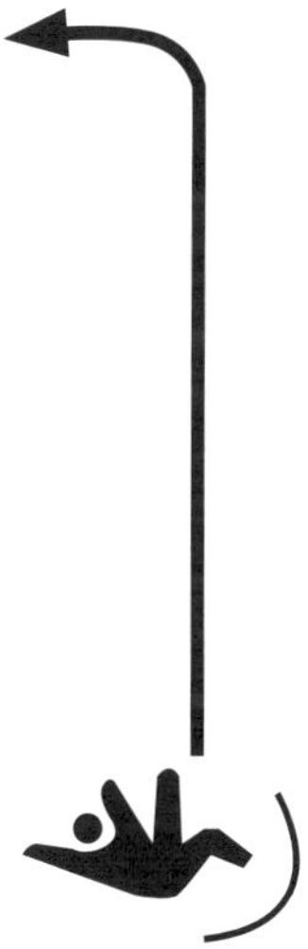

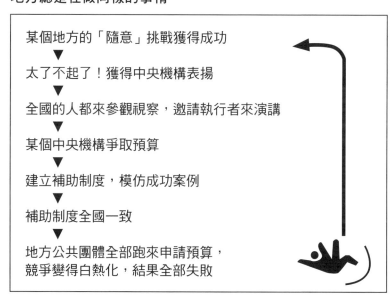

循」為由，不願意撥預算給他們，所以他們只能想出自己賺錢的企畫，否則就進行不下去。在尋找財源的路上，又再度反覆摸索、挑戰，最後才做出成果。於是他們的例子就在不知不覺間被當作「成功案例」吹捧，國家或地方自治團體也建立了模仿成功案例的補助制度，然而一旦有了補助制度，出發點與做法就已經與取得成功的地方不同。有了補助制度之後才起步的後發地方，從一開始就走向錯誤的道路。

這樣的做法被困在「只要推廣成功案例，就能讓大家獲得幸福」的幻想當中。至今仍有許多人沒有發現，這麼做不要說讓大家獲得幸福了，甚至是導致所有人陷入不幸的陷阱。

到處都在「辦公度假」的既視感

為什麼大家都發展相同的事業就會失敗呢？

「接下來就是辦公度假的時代」的幻想，就是一個容易理解的近期實例。「開放都會的年輕人前來辦公度假，這些年輕人就能帶來活力」這種說法已經在地方普及。

但所有的一切都存在著需求與供給。

現代的勞工家庭中，半數以上是雙薪家庭，孩子也都在學校上學，能夠辦公度假的家庭有多少呢？就算少數擁有自由的人能夠辦公度假好了，又有多少地方足以支撐這些人的消費呢？首先必須考慮供需的問題。同時也必須探索現實面的問題。地方有具體的管道能夠找到這些辦公度假的人，並向他們推銷嗎？

「反推」與「搶占先機」是現代經營事業的基礎。

不管有多少辦公度假的人，如果無法向這些人推銷，事業也不可能成立。不久之前入境觀光全盛期的「富人觀光」也是同樣的道理。當時各地都在說「接下來將是富人觀光的時代」，但如果問他們「我知道富人很多，但你們當中有富裕階級的人嗎？」回答我的卻是一片靜默。

明明想要招攬富裕階級的旅客，計畫中卻沒有相同圈子的人參與，這麼一來不僅無法知道顧客想要什麼，甚至連接觸他們的管道都沒有。如果推動計畫的人沒有管道接觸目標客群，無論大家再怎麼熱烈討論著「接下來是〇〇的時代」，也不應該去碰這樣的計畫。

Cross Marketing 在二〇二〇年九月，實際以四千三百四十二名二十到六十九歲的人為對象進行線上調查，雖然有七成以上的人知道辦公度假是什麼，卻只有兩成的人想要辦公度假，比例沒有想像中的高。

在這次的調查當中，回答公司已經引進遠端辦公制度的人占了四成，因此就連工作地點相對不受限制的人都對辦公度假興趣缺缺，其中約有百分之三十七的人認為「這麼一來工作與休假難以區別」。而關於將辦公度假引進組織方面，認為「生產性會變低」與「擔心情報外洩」的各有約百分之二十。

由此可知，辦公度假絕對稱不上主流。如果全國各地都一窩蜂地發展辦公度假，就會導致供需失衡，就算有人願意來也會因為供給過多而變成削價競爭，最後將因為大家都無法獲利而同歸於盡。

推廣成功案例創造出來的地方墓碑

如果去到地方，就會看到各式各樣已然成為累贅的設施與事業，這些都是推廣成功案例長達半個世紀以上的產物。不負責任的決策層將失敗歸咎於地方因素，認為「這項設施或事業不適合我們這裡」，但這是天大的錯誤。就如同我在前面的說明，全國各地一窩蜂的模仿破壞供需平衡，而決策層就掉進了這個注定失敗的陷阱裡。

過去開發工業園區與渡假村，就是這類失敗案例的典型。

工業園區在早期曾有過成功的案例，部分不在太平洋工業帶[4]上的地方公共團體，成功招攬用地有限的工廠群。於是分散工廠成為活化地方的王牌，一九五〇年代後期通過了「工廠三法」[5]等法條，國家投入高額經費制定首都圈的工廠規範，鼓勵工廠遷移到地方。

主要據點有限的時候還無所謂，但這樣的計畫陸陸續續平等實施於全國各地，在地方建造了超過工廠遷移需求的工業園區。後來工廠陸續轉移到海外生產，至今仍有許多工業園區找不到顧客進駐。

直到今天，從羽田機場搭乘單軌電車時，依然可以看到宣傳著「五年免電費，固定資產稅減免」等全國各地工業園區的廣告不是嗎？

地方的暢貨商場從二〇〇〇年左右開始增加，其中也有一些使用的土地來自賣剩的

4 譯注：日本從南關東到北九州的一連串工業區。
5 譯注：工廠等制限法、工廠再配置促進法、工場立地法。

工業園區。其中也有不少在二〇一一年的三一一大地震後，看準國家的綠電收購制度，轉型成為太陽能發電據點。

地方的渡假村開發也一樣。通過渡假村開發法時，原本只在部分示範都市推動，但國會議員開始抱怨「為什麼不來我們這裡開發」，於是到處都開始發展渡假設施，結果全部都失敗了。甚至還有不少地方已經失敗第二次、第三次，收購民間設施的費用與維護費全都血本無歸。國鐵的路線開發或車站開發也是同樣的狀況。

此外，在全國各地增加指定據點，將資源打散，最後連國際競爭力都失去了。其實前面提到的建設工業園區，鼓勵工廠遷移到地方，就是這種模式的典型。參議院第三特別調查室也在「戰後日本的人口移動與經濟成長」分析了這樣的狀況。

這份報告指出，終結日本戰後高度經濟成長期的主因不是只有石油危機，青壯年勞動力的供給，隨著人口從地方往太平洋工業帶移動，而從農業部門轉移到高生產性的工業部門的結構，也因為工廠分散到地方而劃下句點。或者也可以解釋成，強制工廠往地方分散、公共事業在地方發展，抑制了日本戰後的經濟成長。政府做到這個地步，卻導致全國用地供給多到連修建成本都回收不了的地步，但工廠最後卻從國內地方移轉到海外，這樣的發展也讓人哭笑不得。

日本政府總是像這樣，不斷重複著將題材與資金分配到全國各地，使大家一窩蜂模仿成功案例，導致市場供需失衡的過程。決策層不應該短視近利，隨隨便便模仿，而是應該將資源挹注在培養能夠自己思考的團隊。國家方面也必須及早脫離橫向推廣成功案例的幻想。

3 女性外流的理由，只有外流的女性才知道

地方民間企業的決策圈有一個大問題，那就是至今仍深陷於「年輕時應該吃點苦」的幻想裡。確實曾有過在年輕時吃苦，年紀大就能獲得回報的時代，這樣的觀念在那個時候或許沒有問題，但現在這個時代，如果年輕時苦錯了方向，就無法在職涯中彌補。現在的年輕人不笨，會仔細衡量吃苦對於職涯的得失。

只要那些覺得「年輕時吃點苦理所當然」的大老闆們不改變作法，他們就招募不到人才。地方活性化的領域之所以會人手不足，某方面也是因為沒人願意做地方的工作，所以公司反而必須去適應工作的人。

如果再加上「女性」的元素，狀況就更加嚴峻。至今甚至還有人覺得娶老婆就能獲得免費勞動力，也還會遇到討論著女性是否該接受高等教育的地方政治人物。即使出席國家級的委員會，我也好幾次在一旁聽著地方中小企業開始談論「最近年輕人都吃不了苦，一下子就不做了」等令人頭痛的話題。無怪乎年輕人與女性會離開故鄉。

傾聽他們逃離故鄉的原因，並改變高層的態度與思想，才是在招募移居者之前應該解決的問題，因為這個問題應該可以靠自己的力量想辦法處理。

為什麼女性會從地方移動到東京

地方消滅中提到育齡女性逐漸從地方消失的結構，實際上這樣的結構現在也持續惡化。根據日本生命保險基礎研究所的調查，二〇一九年的人口動態（「人口動態資料解說—東京單極集中的『真實樣貌』」）中，二十到二十四歲年齡層的移入以女性為中心逐年增加，女性的移入超過數（三萬零六百六十七人）也大幅超越男性（兩萬五千兩百一十六人）。二十到二十四歲女性的移入，可以說成為東京都移入超過數增加的重要因素。

內閣府在這樣的情況下，於二〇二〇年召開關於女性社會參與的專家會議，提出五年制定一次的「男女共同參與基本計畫」草案。會議中指出關於年輕女性從地方流向都市的「性別偏見」，並要求地方公共團體與地方社會和企業合作，營造適合女性工作的環境。

草案中分析，地方人口減少現象惡化的主因在於許多年輕女性流入都市地區，而造成這個現象的背景就在於「企業經營者的理解不足，年輕女性難以在這樣的環境中得到成就感」。草案中也建議為了把女性與年輕人留在地方，地方公共團體應該把國家補助金用在支援地方企業。而年輕女性之所以流向都市地區，原因就在於地方存在著根深蒂固的性別歧視。

我不否認這份草案給人「也太慢發現」的感覺，但性別歧視這個必須正視的問題，也終於在地方凸顯出來。

全球都市不動產調查了女性來到東京的理由，最主要的原因之一是「治安」。這些女性也指出，都市能夠租到比較便宜的房子，而地方缺乏能夠讓女性獨居的公寓，供給不足導致租金提高。

像這樣調查年輕女性離開地方，前往東京的理由，就會知道她們離鄉背井不是因為「東京有魅力」，而是因為「地方社會對女性封閉，缺乏成長機會」。從她們的回答中也可判斷出「地方治安不好，很可怕」、「沒有自己理想的居住環境」等原因。這些回答不禁讓我發現，她們所提出和感受到的地方問題，都是身為男性的我所看不到的部分。

創造女性理想工作是民間高層的任務

那麼地方的實際狀況又是如何呢？即使經營者希望有更多年輕人在當地工作、希望人才招募能夠順利，也不知道為什麼就是招不到人。

舉例來說，福岡市就聚集了來自九州各地的年輕女性。除了因為當地是專科學校和大學等教育機構的集散地，極端發達的服務產業也是一大原因。換句話說，業種和職種是非常重要的因素。反之，如果提供的職缺不符合求職者的期望，一味地認為求職者理應配合公司方針，人才招募就不會順利。年輕人就是因為在當地沒有理想的工作，才會移動到都市。都市發展出最適合求職者的錄用方式，就是其獲得人才的優勢。

宮崎縣日南市的行銷專門官田鹿倫基，就改善了地方在這方面的劣勢，並且做出了成果。

他們為了找出年輕女性離鄉背井到福岡或東京工作的原因，針對就職的年輕女性與錄用的企業兩方面進行調查，結果發現了非常單純的理由。

簡單來說，雖然有很多年輕女性想要從事企畫或事務方面的工作，但當地的企業卻沒有開出這樣的職缺。他們根本不存在錄用方應該配合女性的期望改變事業體制的觀念，因此雙方條件兜不起來的狀況才會長年持續。

不過，就算將調查結果告知地方企業的高層，身為一方霸主的他們也不願意改變。於是田鹿先生邀請網路媒體企業進駐油津商店街的閒置店鋪設置衛星辦公室，請他們在當地僱用寫手與事務人員。這家公司提供了寬敞又有設計感的辦公室，每位員工都配發筆記型電腦，而且不限制上班地點。可以彈性上下班、穿便服，遠端工作當然也沒問題，辦公室前方甚至還有托兒所。這樣的工作型態帶給當地女性相當大的衝擊。

應徵這家公司的人蜂擁而至，隔年就躍升成為當地高中畢業女性求職人氣排行榜的市內企業第二名。據說這樣的變化讓地方企業的經營者大吃一驚，於是也陸續著手改革自己的公司。

這雖然是一帖猛藥，但證據總是比理論更具說服力。一旦在地方看到實際成效，當地企業的改變就會加速。如果像田鹿先生這樣，將招攬地方企業當成促進地方企業經營改革的手段，而非只是競爭雇用的數量，其價值也會變得不同。

高層的變化大幅改變雇用、改變地方

透過日南市的案例便知道，人才外流的理由不是「地方沒有工作」那麼簡單。就算有職缺，如果求職者不接受工作的內容與條件，人才還是會出走。目前在日本擁有高度經濟成長率的中部地帶，也陷入相同的狀況。

愛知縣豐橋市西臨名古屋，東倚濱松，恰好位在兩者的中間點，以工業領域為首的各種產業都聚集在這裡。但豐橋市每年約有兩百名二十到二十四歲的女性流向首都圈，如果將範圍擴大到十五到二十九歲，每年流出的人數多達近四百人，完全變成「男多於女」的狀態。

總店位於該市的種麴廠商「糀屋三左衛門」，儘管是一家歷史可追溯至室町時代的老店，依然在這樣的情況下大膽改變雇用方針，搖身一變成為搶手的熱門公司。

他們原本開出業務職缺，卻沒有任何人來應徵，於是他們重新檢視工作內容。結果發現，這個職缺的工作內容需要接觸顧客，也與製作促銷紀念品等宣傳工作有關，甚至還必須規劃網路商店的行銷。此外，日本在發酵的領域受到全球矚目，該公司在日本是數一數二的種麴廠商，也會接到來自海外的洽詢，因此這份工作也有國際化的一面。其實甚至連位於哥本哈根，以全球最難預約而聞名的餐廳「Noma」，都會直接來洽詢發酵相關合作，由此可知該公司在發酵領域舉世聞名。

於是，他們以擴大使用麴菌的食品零售事業為目標，重新開出品牌管理助理的職缺，並列出詳細的業務內容，結果開出職缺的第一天就收到八份履歷，其中兩份甚至來自首都圈。接著在二〇二〇年底，他們也在關係企業開出新的品牌管理職缺，這次甚至有超過二十名二十到三十多歲，擁有出色經歷的女性前來應徵。

經營者需要的就是像這樣重新檢視、變更工作詳情，甚至改變職種名稱，將工作調整成對求職者有吸引力的內容。

只要能夠做到這點，即使不招攬大企業，也能大幅提升當地企業的錄用成績。如果能夠募集優秀的人才，對於企業的成長也會有所幫助吧？地方的錄用不應該只是找人來「充數」，重要的是找到能為企業注入全新力量，也能豐富自己經歷的人才。

4 改變讓年輕人逃離日本的黑心勞動吧！

就如同前面的介紹，改變職稱內容與勞動環境，讓擁有豐富職場經驗的女性也願意在地方工作，對地方來說是相當大的變化。但至今仍有經營者不願意重新檢討過去的工作內容，深信黑心勞動才是理所當然。

這些經營者就會濫用「外國人技能實習制度」，導致這項制度成為問題。

勞動型態改變的訊號

現在大家常說「地方缺乏人手」，但日本自明治時期（大約十九世紀中旬）之後，就進入了人口大爆炸的時代，人口過多曾經是嚴重的問題。當時甚至還有把孩子送走，讓家裡少一張嘴吃飯的習慣，由此可知人口是多到連填飽肚子都不容易。因此即使是條件離譜的黑心勞動，大家仍覺得有工作就該慶幸。

然而時代已經改變了。

根據二〇一〇年的人口普查結果，生產年齡人口約有八千一百萬人，但國立社會保障．人口問題研究所預測，這個數字到了二〇三〇年將減少一千四百萬人，只剩下約六千七百萬人。同一時期減少的總人口約為一千兩百萬人，由此可知生產年齡人口的減少速度，將比總人口的減少速度還要快。換句話說，現在的勞動人口不足，不可能再像以前那樣即使條件差到離譜也招得到人。這代表民間經營者必須正視改變事業、重新檢討雇用內容的可能性。

地方人手不足的原因不是只有人口減少，還存在著另一個明顯的問題。那就是地方現有產業需要的是低薪和長時間的勞動力，並且把血緣關係等當成理由，認為女性與孩子理所當然應該無償勞動。人手都已經不夠了，經營者仍不願意面對流程改善與設備投資，寧願維持傳統缺乏效率的作業方式，持續尋找過剩的勞動力，這麼做將導致地方更加衰退，陷入負面迴圈。

拋棄不切實際的矛盾條件吧！

認為黑心勞動才是常態的經營者，常提出下列矛盾的條件，並且不斷抱怨「招募不到好的人才」：

一、想要優秀的人才，卻不太願意提高酬勞。
二、不保證終身僱用，卻要求員工效忠公司。
三、希望成為即戰力，卻不想要投資教育訓練。
四、希望員工積極，卻又要員工服從自己。

開出這種條件想找的根本不是「好的人才」，而是對自己而言「好配合的人才」。符合這種矛盾條件的人才，永遠都不會出現。

首先是第一點，如果想要好的人才，給予權限及報酬是理所當然。

接著是第二點，過去因為有終身僱用確保穩定性，所以才能要求員工效忠公司組織，不穩定的工作本來就很難要求員工必須忠誠。

至於第三點，若是希望員工成為即戰力，就必須投資員工的教育訓練，幫助他們累積技術與經驗，但這些經營者卻要求員工自己去進修，認為組織只想收割好處本來就無可厚非。

最後第四點，則是一邊說著「接下來需要的是創新！我們要的是能夠根據前所未有的發想展開行動的積極人才」之類的漂亮話，卻又動不動就抱怨「違逆自己的人很要不得」的狀況。

這些自相矛盾的條件，不可能改善地方。但反過來說，只要配合各項條件採取行動，自然就能吸引人才。如果經營者做不到這點，離開決策層就是能夠帶給地方的最大貢獻。

「外國人研習制度」只是拖延改變

如果經營者依然執迷不悟，偏要以不切實際的條件招募人才，就會把腦筋動到外籍勞工身上。而他們看上的，就是近年來成為重大問題的「外國人技能實習制度」。

長野縣川上村在二〇一四年遭受東京入國管理局的處分，禁止再繼續引進外國人農業技能實習生，甚至導致部分合作社解散，他們的案例引起熱烈討論。該村是個受到全國矚目的「富裕農業聚落」，年收入超過一千萬日圓的務農家庭在當地不足為奇，但後來發現當地合作社逼迫外籍實習生從事長時間的嚴峻勞動，後來合作社就解散了。

該村的日本人口持續減少，如果不把外國人算在內，高齡化率達到百分之三十，發展持續衰退。該村不滿五千人的人口中，約有八百五十人是外籍實習生，換算一下外籍實習生占了當地人口的近兩成（根據該村二〇一五年的資料）。這座村子幾乎可說是靠著外籍實習生才得以維持也不為過。

引進外籍實習生的當然不只川上村，全日本的外籍實習生達到約十六萬人。原本在整體中占多數的中國實習生逐年減少，取而代之的是來自越南、菲律賓、印尼的實習生。而且二〇一五年度的實習生當中，行蹤不明的達到三千一百三十九人（二〇一四年度，公益財團法人國際研修協力機構）。黑心經營者尋找低薪勞動力的目標，從日本人轉移到中國人，再轉移到下一個國家的年輕人，這樣的現象令人頭痛。雖然幫助發展中國家培養人才也是目的，卻認為只要暫時能夠撐一陣子就沒有問題。我不覺得這樣的地方會有光明的未來。

我說這些不是為了告發地方的黑心農家或其他當事人。

無論是像前面提到的日南市那樣，採取政府主動與民間合作的形式，還是像豐橋市那樣由進步的民間企業開創先例都無所謂，重要的是面對變化的行動。地方必須擺脫「只要窮別人不窮自己就好」的想法。

只有改變過去的常識與傳統，創造出高附加價值的新事業，或是採取高生產性的工作方式，地方才能以健全的形式吸引新的人才，為克服地方課題開創新格局。

不堅持全職，有彈性的勞動型態為地方帶來機會

以前的觀念是「找到工作就要有奉獻一輩子的覺悟」，但跳槽在現代已經不足為奇。另一方面，也有不少公司仍堅持僵化的雇用型態。愈來愈多在東京的企業開放兼職，也積極推動遠端工作。這些變化對地方而言其實都是很好的機會。

在我的周遭，也有多家位於熱海市的當地企業，從去年開始早全國一步招募兼職人才，並且取得亮眼的成績。

在當地從事瓦斯事業的「熱海瓦斯」，雖然開放展示用的廚房空間給大家租借使用，在當地的使用率卻不高。他們為了解決這個問題，錄用東京的網路企業合作兼職設計線上預約系統，方便地方育兒世代的母親預約使用，於是使用率就大幅提升了。

除此之外，當地還有許多企業，譬如飯店業或苦於不動產投資的企業等，都因為招募了兼職人才而成功地募集到新的客戶、成立新的事業。熱海市內的企業現在架設了專門網站 Circulation Life，並定期招募兼職人才。熱海的地點非常好，儘管基本上以遠端方式溝通，但只要搭乘新幹線，從東京過來也花不了多少時間。這裡也有溫泉，能夠品味非日常的氣氛，與東京也有著恰到好處的距離感。

他們在招募兼職人才方面，有兩點讓我驚訝。

第一，就算是地方企業，只要開出合理的條件，也會有出色的人才來應徵。當地企業興奮地告訴我，他們收到了以前從來沒有看過的履歷，甚至想要全部都錄取，把大家都一起拉進計畫裡。

還有另一點則是，外部人才與原本的員工之間磨合良好。他們原本擔心彼此會產生衝突，結果是他們多慮了。雖然一方面要歸功於輔助機構，但員工也對於能夠參與過去做不出來的商品與服務感到興奮，士氣反而提升。

熱海的地方企業決策層想法非常靈活，讓我印象深刻。畢竟這些兼職人才仍屬於全新的分類，他們想必也煩惱著這些人才在公司內的定位吧？

但是大家都說這樣積極做出改變、挑戰原本做不到的事情非常開心。這些為地方帶來改變的決策層，無論官民，絕對都是正向積極的人。

5

對未來失望的悲觀主義決策者，應該盡早讓位給樂觀主義的年輕人

地方決策者的最後一個問題，就是他們多半對地方的未來非常悲觀。就算聽他們簡報，也只會細數當地的缺點，滔滔不絕地說著：「我們因為這樣那樣的理由而衰退……」

我想他們的說明，多半是為了推卸責任，他們想要表達「我們這個地區的狀況這麼糟糕不是我的問題」。無論是議會還是地方會議，這些人想說的似乎都是「我們這裡的狀況特別棘手，會造成這樣的結果也是無可奈何。雖然我們平常的做法沒有問題，但因為地方狀況嚴峻，結果會變得這麼悲慘也是沒辦法的事情。所以請你幫幫我們。」

更糟的情況是，五分鐘的簡報就在悲觀的話題中結束。忍不住讓人覺得，他的意思是「我們這個地方已經沒救了」嗎？

如果在地方或許還能靠著默契理解，但與這個地方完全無關的外人，應該很少人會在聽了之後覺得「真是太糟了，我來幫忙吧！」

我在十幾歲成立公司後，在最初的地方事業遭遇困難，當時也曾想要博取同情，然而當我以這樣的態度求援說「我必須想辦法，但是太難了……」也沒有任何人來幫我。多數大人反而還會覺得「那個地方的計畫似乎執行得不太順利，我還是不要去蹚渾水好了」。畢竟冠軍馬人人都想騎，落水狗卻沒有人想當。

悲觀的簡報只會導致更多人不想與這個地方扯上關係，沒有任何益處。大家互相取暖並不會帶來任何改變。

地方高層首先需要夢想

那麼地方高層在簡報時該說什麼呢？該說的就是夢想。

自己想在這個地方做什麼？想把地方變成什麼樣子？話題必須從這裡開始。地方需要能夠闡述光明未來的人，在他們的指揮之下行動。

這個道理看似簡單，執行起來卻非常困難。如果平時沒有思考夢想與願景的習慣，一時之間也說不出口。而且很多人都覺得公開暢談過去做不到的事情是一種風險，所以乾脆閉口不提。也有很多人因為不說，最後連想都不去想了。

事業的可能性終究是未知數，但對於願景的共鳴能夠成為最初的力量。願景將成為吸引人才、募集資金的原動力，最初看似魯莽的計畫也會逐漸成形。

所以，那些在全國展開負面宣傳，細數本地資源有多麼貧脊的人，最好立刻把位子讓給能夠自信說出夢想的年輕人。因為很多十幾、二十歲的人才，都既出色又有遠見。

《福岡市為什麼會成為最強的地方都市》（ＰＨＰ研究所），介紹了曾在福岡市奮鬥的前輩，雖然福岡市在過去被視為失敗的都市，但大家在辛苦的時代也總是看向前方。他們不是悲觀主義，而是樂觀主義。

他們積極創造願景，討論著要做這個做那個，並朝著目標招募夥伴籌措資金，逐漸壯大團隊。結果幾十年之後，他們在地方成為一股龐大的力量。這才是創造未來。如果有樂觀主義的資深前輩更好，這麼一來就能執行跨越世代的企畫。

樂觀的高層主動讓出位子，就能讓地方邁向未來

許多地方的高層都被困在幻想裡，但也有現任高層主動將位子讓給次世代領袖，為地方帶來進一步的發展。譬如宮城縣女川町，當地在二〇一一年的三一一大地震中，蒙受了嚴重的災害。

我在震災前，也曾接受在該町商工會青年部負責各種企畫的阿部喜英邀請，前往當地演講，因此當地的災情讓我非常震驚。該町的「女川復興聯絡協議會」在災後的混亂當中，決定六十歲以上的人不插手復興事業，把地方各種管理的位子讓給未來的世代，並且為年輕人募集必要的資金，受到批評的時候也出來幫年輕人擋子彈。於是，包含商工會在內的所有高層真的都返老還童，當年秋天的町長選舉甚至由三十九歲的須田善明當選。面對災後復興的，無論官方民間全部都是年輕人。

我在震災後前往拜訪位於組合屋中的商工事務所，真的所有人都變年輕了，讓我嚇了一大跳。最早的復興計畫雖然演變成甚至還聘請顧問的大型計畫，但無論官方民間都階段性地將規模縮小到符合現實的程度。他們也來參加我們舉辦的「復興社區營造新手訓練營」，雖然幾經波折，最後也成立了由民間人士負責的社區營造公司，持續地計

畫、開發、經營。

前面提到的阿部喜英在震災前是青年部的一員，在震災後也致力於復興，現在已經是復興社區營造公司的代表員工。有些災區的復興活動，因當地的高齡決策層互相爭奪主導權，最後推動了離譜的計畫。反觀女川町從大幅整頓人事著手，實在是相當優秀的做法。

決策層在度過危機時，認為做決定的不應該是二、三十年後就不在世上的人，於是把位子讓給次世代的年輕人，自己則退居輔助的立場。這樣的做法，說明了社區營造時非常重要的觀念。

位於北海道旭川市郊外的當麻町是「黑西瓜」的知名產地。黑西瓜是一種高附加價值的西瓜，曾在拍賣會上標到一顆七十五萬日圓的天價。這個地方的民間農業經營者擁有非常大的力量。

四十歲的村椿哲朗是在當麻町公所擔任地方振興的年輕職員，當時的町長在退休時指名由他接班，而他也獲得周圍的支持，順利在町長選舉中當選。這也是因為他擔任公所職員時，曾大力推動鄉土納稅企畫，留下近乎全國知名的實績。

據說當麻町的歷任町長幾乎都來自民間，村椿哲朗是第二名出身自公所的町長。當地的決策層看好做出實績的職員，拔擢他上位，希望使這座小鎮更加活躍，他們的大膽著實讓人吃驚。就結果來看，該町接二連三出現新的變化，譬如開設全球第一的羽絨衣數量限定生產販賣店鋪等。

像這樣積極交棒給下一個世代，從旁輔助他們，朝著未來邁進的地方，就能不分世代創造出變化。反之，總是抱怨「我們這裡沒有優秀人才」，由長老們管理的地方，年輕人就會愈來愈少，逐漸蕭條。那些大老們能不能發現這點呢？他們必須面對「人」的問題，也就是思考「由誰來做」，這是比取巧的事業與預算更重要的事情。只要掌握這點，地方無論遇到多大的困難，都有機會克服。

第三章　「地方人際關係」的泥沼

地方還有一個根深蒂固的問題，那就是構成地方的群體所抱持的「幻想」。人際關係造成的各種糾紛、壓力，成為挑戰者的沉重枷鎖。

不過，「同儕壓力」是群體造成的，我們不僅可能在不知不覺間成為施加壓力的其中一人，就連視而不見的消極做法，都可能使我們成為加害者。所以必須隨時注意自己是否對挑戰者施加壓力，自己行動的時候，也必須擬定避免屈服於群體壓力的對策。

沒有一個人叫做「大家」

如果是決策層的問題，因為高層的人數很少，很容易就能發現造成問題的主體，但群體壓力涉及到許多人，就像不容易看見的亡靈。而且說到底，根本不存在所謂的「大家」，「大家」終究是由許多的個人聚集在一起形成，最後還是端看自己如何面對、思考、行動。屈服於群體壓力而放棄挑戰、保持緘默什麼都不說都是消極地默許，這些行為都會助長壓力，這麼一來地方永遠不會變好。

說一句「這是組織的責任」就放棄很簡單，但這麼一來改善不了任何事情。該怎麼做才能推動組織呢？懂得自己動腦思考、採取行動，就算是一名職員，也能夠為行政組織打開一道破口，即使是一個居民的挑戰也有機會改變地方。

不是大團隊，也不是個人，徹底打造強悍的小團隊

因此，我認為解決群體壓力帶來的幻想問題，以能不能建立「強悍的小團隊」為關鍵。人數多會變笨，但只有一人又會被擊垮。所以組織「強悍的小團隊」很重要，小團隊能夠靈活閃避壓力，有時也能藉著對方的力量推動計畫。

那麼多少人才適當呢？我覺得三到五人剛剛好。

第一階段是發掘人才。第一個難關就是找不找得到能夠拉進團隊的夥伴。挑戰前至少先找到一位夥伴吧！為此必須自己下定決心，展開行動。

這時團隊需要的是以下這樣的人：

- 具備事業經營力的人
- 能夠獲得地方信賴的人

- 做事仔細，能夠輔助團隊的人
- 具備事業所需的專業能力的人

找來的人必定各有各的特色、各有各的擅長領域，但至少必須能夠團隊合作，彼此分擔風險，換句話說就是能夠自己拿錢出來做。此外，如果你只是用商量的口吻詢問對方要不要加入，也不會遇到當真的人。只有自己先下定決心，採取行動，能夠成為夥伴的人才會出現。

但是，千萬不能連共同的目標都沒有，光因為對方看起來有力量，就把大老或名人拉進團隊。如果根據團體或職務挑人加入團隊，對方終究只能發揮身為該組織代表者的作用，不會優先考慮身為地方事業團隊一員該做出的貢獻，因此將會導致事業失敗。

證據比理論更有說服力，先實踐再面對課題

團隊成員找齊之後，終於要著手展開地方事業。就算只是個小事業，剛開始的第一步也很重要。這時不能輕易去碰補助金事業。因為一旦碰了之後，多半必須持續經營下

去，需要不少時間才能脫離。因此在初期階段，請先確認所有團隊成員沒有把領取補助金當成目的。

你們必須靠著自己的團隊打一場勝仗，因此必須以擅長的事業領域創造基本營收。首先請配合自己的專長做擅長的事情。如果擅長寫程式，可以創辦程式學院。如果擅長不動產或建築，也可以租空屋或閒置店鋪開展事業。既然有專長，也沒有外包的必要。

這時不能輕易被其他地方的案例吸引，也不能招攬在某個地方獲得成功的團隊。因為這就像是放棄面對課題，單請來強大的外籍選手一樣，但重要的是自己思考。如果缺乏什麼能力或經驗，那就邀請具備的人加入團隊。

倘若不知道該從哪裡開始，那就必須好好討論一番。絞盡腦汁找到自己能夠做的事情，也是最初的挑戰。

團隊一起面對問題，一點一滴地解決，事業想必就能成長。在實踐的過程中整理思維，就能逐漸看到自己該做的事情。

團隊有時也會遭受批判，事業也會遭遇危機，也會有陷入無力感的時候，克服這些困難就能逐漸變得堅強。如果既沒有批判也沒有危機，那就像是什麼事都沒做一樣。

外部人才必須能共同承擔風險

那麼，團隊就不需要外部人才嗎？不是的。將擁有適當能力、對事業而言必要的人才拉進團隊的情況也不在少數。但地方的人必須自己先絞盡腦汁，以小團隊試過一輪。任何一位專家都不會有答案，請拋棄「詢問厲害的人就能得到解答」的幻想。自己先徹底思考，再一起與專家討論、實踐，答案才會出現。

地方事業的關鍵，就是不輕易放棄思考，並自己承擔風險去實踐的團隊。光從人民的納稅錢撥出預算舉辦的免費研習，將培養不出有擔當的人。在那種場合根本不可能發掘優秀的夥伴。

本章將整理在群體中形成的幻想，說明群體壓力的全貌。並且解說如何以強悍的團隊為基礎與幻想對抗。

1 深信成功者就是掠奪者的人

成功者有遭到地方忌妒的問題，這是因為地方的人幻想他們把所有的一切都奪走。我在這個領域工作了二十年，這些年來看過許多留下成果的社區營造公司或事業公司的老闆。他們在地方當然受到尊敬，但另一方面忌妒他們的人也多到超乎想像，儘管他們明明承擔了比別人更高的風險去挑戰。

所以媒體也才會報導一些有的沒的事情，甚至還有人在網路上散播關於他們的假消息。他們私底下的行為全都被暴露出來，昨天去了哪裡、吃了什麼、點了什麼樣的紅酒等等，全部透過人際網路傳播，批評他們得意忘形的人也不在少數。如果失敗了，也會有人說「我一開始就覺得這個人根本不行」。

在地方獲得成功的人連吃飯都不能放鬆，所以他們來東京的時候才會說：「來東京真的很輕鬆。在當地吃飯的時候，他們都覺得我很有錢，想要敲我竹槓，價錢都亂算。如果喝了比較貴的紅酒，就會有人說那傢伙怎麼可能有這麼多錢，他一定是逃漏稅什麼的。」

地方好不容易誕生了一名成功人士，卻無法在地方盡情消費，只好把錢都花在東京或海外，這對地方來說一點好處也沒有。只有在地方賺錢的人把錢用在地方、他們經營的公司在地方雇用人才，才能為地方創造內需。如果連這點幼苗都剷除，又有誰能為地方帶來消費呢？

地方內的互相毀滅，終究只有地方外的人會覺得開心，因為敵人就在外頭。如果只顧著互相毀滅，新的挑戰者就不會在這個地方發起挑戰，而是會去別的地方，在那裡取得成功。

地方如果沒有像樣的業者，將連在地方生活的人都必須從外部購買商品與服務。無論是農漁業還是商業，地方有優秀的成功人士絕對不是壞事。儘管如此，地方卻反過來對這些人施加壓力，這麼做真的很可惜。

這種地方的群體壓力背後，也有著「所有人都必須同甘共苦」的錯誤幻想。不允許有人腳步不一致的群體壓力，才是擊垮成功者，甚至連接下來的挑戰者都排除，導致地方邁向衰退的元兇。

不識相的成功者，擊破「地方正在衰退，所以做什麼都會失敗」的藉口

地方的學習會絕對不會邀請在地方做出成果的人，這也是地方活性化領域常見的狀況。某個在地方都市擁有歷史與文化的老牌企業老闆，成功地為自己的產品進行品牌再造，我與他聊天時，他告訴我：「因為我在地方獲得成功，所以地方的學習會絕對不會邀請我。」

這位實業家不僅受邀到日本各地演講，也熟知當地的市場，但不知道為什麼當地人就是不邀請他。原因就在於當地那些遭遇困難的業者們共有的某個幻想。

這個幻想就是把問題推給人口減少、經濟低迷之類的環境因素，覺得就是因為環境不好所以才不管做什麼都失敗。

他們深信，不管做什麼都失敗是環境問題，不是自己的責任。而之所以會有這樣的幻想，源自於政府組織與民間組織這兩個群體互相取暖的結構，民間組織只要這麼說，就能獲得政府的補助，而政府只要發錢，就覺得自己有在工作。

但即使在這樣的地方，也一定會有做出成果的人。這些人實現了賺錢的事業，這麼一來就會凸顯出事業失敗不是地方的錯，而是人的問題。但這不是他們想要的結果。

他們一直以來的藉口都是因為這個地方的條件不好，自己才會這麼辛苦。然而，一旦發現認真去做還是能夠成功，他們就會在那一瞬間知道「因為地方正在衰退，所以不管誰來做都會失敗」的前提只是一種幻想。

尤其那些仰賴補助金的業界團體、靠著每年的預算活動的地方團體等，更是對於成果近乎過度豐碩的人特別反感。他們不僅擔心失去領取補助的依據，也害怕自己的預算會被這些人搶走，甚至連自己的團體所占據的各種地方委員會等職位都可能失去，因此會基於恐懼攻擊成功者。

話說回來，爭奪職位也不可能讓地方變好，最後這些人同樣會逐漸失去立場，但他們的行動無論如何都難免變得短視近利。

最重要的是貫徹由民間投資、挑戰的原則

其實，為了打破這種群體忌妒造成的狀況，應該將地方的成功人士拉進決策圈擬訂計畫，但實行起來卻相當困難。

在這樣的群體壓力當中，首要之務是徹底地踏實投資、累積事業，且不做多餘的調整。因為只要從市內調度資金、進行投資、透過事業賺錢的做法沒有改變，就能根據自己預訂的進度、思考的內容推動計畫。這個方法看似繞遠路，但在機會來臨時，卻能確實地貫徹自己的做法。

而在累積成果的過程中，會發生兩項變化。

第一，團隊之外會有愈來愈多人認同你。第二，地方公共團體等當地領袖，必定會在某個時機找上你。

但這時有個重點，那就是不要覬覦政府預算，或試圖把整個地方捲進你的事業。因為這麼做終究只會與那些擔心職位與預算被搶走的人作對，支付出多餘的成本。

以事業累積的成果為基礎所展開的官民合作所向披靡

大阪有一家在二〇〇四年創業的公司 RETOWN，這家公司透過經營餐飲業逐漸累積為城市帶來變化的實績。

大阪的天滿地區現在已經是人氣景點，但 RETOWN 的社長松本篤，早在這之前就發現這個地區有發展潛力，可以經營咖啡店、居酒屋等各種形式的店家，而他的夥伴也陸續在這裡開店，使這個地方搖身一變成為熱門地區。松本篤透過這些事業，逐漸為這個地方帶來革新。他對於培育人才也很積極，開設了培養壽司師傅的「餐飲人大學」等，以獨特的定位發展事業。

後來松本篤與他的夥伴，在大阪市大正區最北端的尻無川水畔空間，開設了複合設施「TUGBOAT TAISHO」。

這是 RETOWN 以二十年為期限，租借大正區所有及管理的河川，並調度民間資金所開發、經營的「創造財富的官民合作」計畫。目前第一期只完成了一部分，在二〇二〇年開幕，逐漸成為受歡迎的景點。

松本篤在開發這個設施時，運用了自己在餐飲店建立的人脈，以及在經營中獲得的實務經驗。這類開發一般都會丟給顧問擬訂計畫，就算開發也只是招攬一些連鎖店進駐就交差，但這裡卻不一樣。

因為許多有趣的餐飲店都是由個人經營，松本篤思考他們負擔得起的房租與條件，最後雖然以分開發包的方式壓低預算，依然完成了充滿魅力的設計。而且分開發包的對象盡可能選擇當地企業，結果連大正區的小店都進駐，放眼望去真的都是有趣的店家。他們接下來預計將階段性開發飯店、藝廊、碼頭等，讓人由衷期待這個景點的發展。

大正區方面也做了出色的判斷，當時擔任區長的筋原先生等高層，強力推動這條河川的活用，決定進行河川活用的社會實驗。

當時進行活用實驗的是另一家公司，但最後還是由在大阪當地透過餐飲事業獲得成功，並具有社區營造思維的 RETOWN 雀屏中選。區公所的職員也參加了我們成立的都市經營專家學院，在那裡學到如何吸引民間資金提高區域價值，並且也實踐了學到的內容。就是因為區公所也有適合的人才，官民雙方才能妥善合作。

即使如此，松本篤依然徹底堅持由民間主導的立場，資金也從市內的銀行調度。這也是為什麼這項計畫雖然使用公共用地，內容依然出類拔萃，沒有被多餘的群體壓力擊垮。不過，這項計畫也富含巧思，譬如確實考量場地的特性，為了讓在地小店進駐而透過分開發包壓低建築費用等。這項計畫沒有迎合地方，而是與地方建立建設性的關係，為事業創造合理的發展。這點對於活化地方極為重要。

像松本篤這樣，為了透過自己的事業改變地方而持續經營的人，更應該活躍於地方的各種場合。但這時官方與民間的關係必須不同於以往，民間應該貫徹投資、開發事業的立場，而官方也不應該受制於不健康的組織心態，必須建立起官民合作的全新形式。

2 「只要大家團結起來一起努力就會成功」的陷阱

在地方執行計畫時經常發生一個問題，那就是群體中的所有人都變成「好人」，只想著該怎麼樣才能大家一起和樂融融地做這件事情。

就算心裡覺得這項事業絕對會失敗，也採取「既然大家都說好，那我也贊成」的姿態，以不破壞和諧為優先。吵架當然沒有必要，但如果優先考慮表面的共識，計畫就不可能成功。

就連難喝都無法討論

廣島縣世羅町第三部門[6]的「世羅農業公園」因為累積虧損而煩惱，就在針對這樣的狀況討論時，其中一名地方議員在發言中表示「因為難喝所以才賣不掉」，結果遭到

6　譯注：社會學與經濟學名詞，用來統稱既非政府單位、也非一般民營企業的事業單位。

地方相關團體發出聲明譴責「發言不經大腦」、「打擊生產者的士氣」等，最後紛爭持續擴大，甚至演變成町議會通過辭職勸告決議的狀況。

每個人的飲食喜好不同，某個人覺得難吃的食物，其他人或許會覺得美味。我也實際喝過世羅農業公園生產的葡萄酒，絕對沒有難喝到難以入口的地步。經常有人邀請我試喝日本各地生產的葡萄酒，說老實話，其中也有不少難喝到根本不是人喝的。相較之下，世羅的葡萄酒也不是特別差。

但問題不在這裡。第三部門的營收成長不如預期，業績持續虧損，庫存也不斷累積，這些都是實際正在發生的狀況。既然如此，問題很有可能出在主力商品上，檢討這點當然是妥當的做法。

但這樣一句發言，就招來「打擊生產者士氣」的反駁，導致議會針對這點爭執不休，最後甚至要求議員辭職，這也是地方另一個嚴重的問題。

我在心情上可以理解那種「地方民眾的努力是崇高的精神，任何人都不應該批判」的想法，但既然是事業，如果商品做不出成果，就必須面對根本的問題。大家和樂融融地努力不代表就能得到理想結果也是事實。

經營事業重要的不是和樂融融，而是為了打破計畫的僵局，真心誠意地評估和討論，決定接下來的行動。如果因為莫名其妙的面子問題，連這麼做都被說成是「失禮」或「看不起人」，那就無法討論下去了。

為了維持「只要大家團結起來，一起努力就會有辦法」的幻想，指出問題的人就會被當成壞人，令大家群起而攻之，但這時候其他地方已經開發出更有魅力的商品與服務，逐漸成長壯大了。敵人永遠都在外頭。

實際上，廣島縣還有另一家生產葡萄酒的「廣島三次酒莊」，這家酒莊就持續創造獲利，逐漸累積盈餘。換句話說，廣島縣並非不適合生產葡萄酒，而在經營葡萄酒旅遊之類的觀光據點設施方面，也擁有來自廣島市這座政令市[7]與福山市這座中核市[8]等都市圈的龐大消費人口，地點絕對不差。

顧客每天都花錢購買商品與服務，銷售成績不佳就代表商品與服務存在著問題。多數顧客買到不滿意的商品與服務時，並不會將問題指出來，只是下次不再回購。面對這種嚴峻的狀況，如果連地方內部自己指出的問題都不願意聽，那就沒有改善的可能性。

7 譯注：人口五十萬人以上，擁有最多自治權的都市。
8 譯注：人口二十萬人以上，自治權略少於政令市。

「難以入口的果醋飲」帶來的教訓

十多年前的商店街相關計畫中，也有某個計畫發生了類似的狀況，他們把「大家一起團結合作」變成主要目的，成果如何已經成為次要問題。

這是以某個地方公共團體為主體，集合當地農業相關人員，找來顧問一起開發新商品的計畫。我接到往來的商店街委託，他們對我說：「請你介紹我們能夠試喝新商品並提供意見，日後也願意幫忙販賣的店家。」我心想這點小事應該不成問題，沒想到介紹之後才是災難的開始。

具體來說，「果醋飲」在當時掀起熱潮，所以他們打算使用當地水果製作果醋飲販賣。我合作的商店街中，也有販賣精選商品的選物型商店，於是我就請這些店家幫忙試賣。這些商店的顧客當然也都很講究，其中不乏曾經從世界各地訂購果醋飲來喝的貴婦，因此收到了大量的意見回饋。

但在試作品完成，並將這些回饋告訴生產地之後，問題逐漸凸顯出來：他們的問題就是完全不願意改善。

果醋飲的酸度平衡相當重要，不少廠商都花心思改良風味。但當時的試作品卻將釀造完成的醋直接拿出來賣，連酸度都沒有調整，所以簡單來說就是太酸了。填寫問卷的人當中，甚至還有人特地測量酸度，並且半開玩笑地補上一句「這麼酸會胃穿孔」，換句話說，這款果醋飲根本酸到不能喝。但生產者卻不願意改變商品內容，堅持「這樣就可以了」。

他們的做法實在太不合理，因此我在試飲會的時候，因為一句「不稀釋就酸到沒辦法喝吧？」跟他們起了爭執，於是我忍不住問他們「你們自己到底有沒有喝過？」結果他們竟然回答「沒有」，讓我嚇傻了。

原來這是地方公共團體的地方振興小組以預算事業的名目，集合地方農業團體的高齡者，並請來外部顧問經營的計畫，因此當地人的態度無法太過強硬。畢竟這些老人家都特地集合起來配合製作產品，如果還被要求「太酸了，必須改善」，他們說不定就不願意幫忙了。

地方農業團體的人，也只想拿補助金用低廉的價格上東京旅遊，根本不打算認真做出什麼暢銷商品。地方振興小組當然也不可能聽從試喝者的意見，要求他們改變製造方式，因為「難喝」這兩個字打死都說不出口。

不只難喝的葡萄酒，全國各地有許多特產品，一樣說不出口一句批評的話。這些使用政府預算展開的計畫，以地方的某個群體為中心執行，卻成為一個「大家一起努力就夠了」的和諧世界。這種做法，在商品開發、販賣競爭激烈的市場，當然不可能勝出。

該負責的人消失，所以學不到教訓

我在疫情中也有這種感覺，「大家一起做一件事情很美好」的幻想深深烙印在日本人的腦海裡，日本人過度將這點視為美德。

從事活化地方的工作時，也常有人說「大家一起加油吧！」所謂的「大家一起加油」，意思其實是「出問題我也不負責喔」。

當開會的時候有人說出「大家一起加油吧！」但我要求他們決定工作分配，說清楚誰在哪個時間點之前該做什麼的時候，經常所有人都低頭不語。「大家」這兩個字會讓明確的責任與任務煙消雲散，失敗時也只會離譜地把責任都推到「大家」身上。群體會團結起來，徹底排除破壞「大家」這個單位的人，因為將群體區分成一個個的個人，就再也不能把責任推給「大家」這個不存在的主體了。所以有人會把會議的結論當成全員共識，也就是「大家」決定的事情。我們不需要「大家」這個抽象的主詞，首先必須問的是，「我」要做什麼。

3 「外地人、年輕人、愚人」才能改變地方是藉口

不知道從什麼時候開始，大家常把「外地人、年輕人、愚人」掛在嘴邊。

雖然不清楚這句話是從哪裡開始，但我記得，從我開始參與所謂的地方活性化領域的二十年前，這句話就已經有人在用了。這句話的意思是：

- 從外面的世界透過相對的角度觀察地方，擬定企畫的人
- 不受制於既有常識，並擁有行動力的年輕人
- 果斷採取行動，甚至被認為有點傻氣的當地人

由這三種人組成的團隊最好。在我的印象當中，這句話確實有說對的時候。但後來這句話卻發展成鐵律，彷彿地方就是因為缺乏這樣的人才無法活性化，「外地人、年輕人、愚人」逐漸成為幻想。

實際上，也不是所有人離開故鄉之後都不會再回來，像返鄉青年這種，看過外面的世界後又回到故鄉的人也很多，他們在地方大顯身手的情況也不在少數。這些人不笨，接受過教育，也有不少人曾在大企業工作，或是自己有過創業經驗。

另一方面，就算年輕也不一定連想法都年輕，也有人思想保守，深陷在傳統那種地方活性化必須申請補助的觀念當中。也有人儘管年紀輕輕，想法卻比老年人更加固執僵化。甚至還有人以自己不想成為主要負責人為由，堅持自己的工作只是協調，總要取得共識才行動。

而那種需要壓倒性的存在感，完全置身於地方階級制度之外的人，依然是令人棘手的存在。最理想的狀況是由在地方贏得一定信賴的人發起挑戰。那些在當地頗有成就的店家或公司的經營者，擁有實際的突破力，就算嘗試了被認為是傻氣的挑戰，也會讓人另眼相看。

終究來自推卸責任的意識

「外地人、年輕人、愚人」這句話之所以會流行，一方面是因為這句話迎合旁觀者的想法。但另一方面，也是因為許多當地人可以拿這句話來當成自己不採取行動的藉口，他們告訴別人「我們這裡就是因為缺乏外地人、年輕人、愚人，所以才無法改變」。

「大家常說我們這裡很封閉」、「棒打出頭鳥」等等，但這些終究都是藉口。因為不管是封閉也好、受到打壓也好，會行動的人就是會行動。

如果他們說「我想要明哲保身，因為害怕所以不敢採取行動，我一點也不想承受損失」就算了，但不知道為什麼卻要把責任都推給地方。就算不是外地人、年紀也不輕、不會被說傻氣，通通都無所謂，如果想要改變，總之去做就對了。

在當地累積好幾代信用的人、累積了一定程度事業經驗的人、願意投資必要計畫的人

做事業需要信用、經驗、投資這三項要素。這方面就算外地人進來參與，能做的也有限。他們即使能為地方多少帶來一點衝擊，也不可能獨自完成所有工作，因此在當地（世世代代）住好幾十年的人的信用相當重要。

此外，在地方發展事業也不是年輕就好，團隊裡也需要已經在事業上累積一定知識與經驗的人，不妨關注那些將近三十歲到三十多歲的人所面臨的挑戰。

必要的計畫就應該確實投資。即使是在地方擁有相當的信用與資本力的公司，也可

能因為不願意投資而逐漸衰退。如果鎮上有很多把錢都存起來、仗著沒有貸款就坐吃山空的地主，這個小鎮一定會衰敗。

擁有延續好幾代的家業，曾到外地累積經驗，後來投資與本業不同的事業並帶來成長，可說是最理想的模式。

Factelier 的山田敏夫就是一個例子。Factelier 是一家服裝企業，販賣自己設計的日本製服裝。而山田敏夫原本是熊本市中心下通一家歷史悠久的高級女裝店老闆的兒子。

他走的路線和老家不同，親自與散布於日本全國各地、專門接歐洲高檔品牌訂單的服飾車縫工廠直接簽約，建立了工廠的品牌，並成立 Factelier 的事業，後來逐漸成長為連電視節目也來報導的矚目企業。

Factelier 的店面也進駐東京銀座。二〇一九年，他將老家在熊本下通的女裝店改裝時，更建立了附設咖啡廳的據點。

他在那裡不只販賣 Factelier 的商品，也在咖啡廳使用熊本產的牛奶，跨足與食品有關的製造領域，為地方創造全新的活力。

地方老店的兒子去外面發展，創辦了在全國廣受好評的事業，在當地也展開將各個領域的生產者一起拉進來的計畫。山田敏夫兼具老店的信用，以及將白手起家的事業發展壯大的經驗，有著這樣背景的他，投資原本位於商店街的家業，為故鄉帶來影響。

當地同年齡層的業者也很歡迎這樣的挑戰，讓我感受到時代的變化。如果是不久之前的商店街，應該很難單純地接納在外面建立豐功偉業的人吧？我在熊本工作至今已經十四年，從世代交替中感受到這裡的希望。

4 推動組織時，如何有效率地運用「外部壓力」

如果自己是商業人士，只要肯行動就會得到成果。雖然也有可能遭受阻礙，但只要事業基盤穩固，總會有辦法解決。但若是在地方公共團體服務，或是在地方的傳統企業工作，如何在那種僵化的環境中，依然保有「個體性」，堅持做正確的事情，就成為非常困難的課題。身為組織的一員，如果完全抵抗群體壓力，甚至可能陷入被迫左遷的境地。目前所有的就業者當中，九成屬於公司員工或公務員之類的受雇者，如何在執行計畫時推動組織就成為課題。

話說回來，在有群體壓力或階級結構的場合，光是指出不合理的事情是無法發揮力量的。因此，不少人在推動地方相關的企畫時，都不斷煩惱著「上面的人都完全不動」、「那些大老不願意理解」。

面對這個狀況，常見的典型做法是繼續靠同一批人想盡辦法說服對方。但各位必須掌握一個原則，如果想讓決策者對你的企畫感興趣，你必須意識到他們判斷的依據不是說話的內容。如果以為只要表達得好他們就能聽得懂、只要有熱情他們就會被說服，這些都是幻想。

基本上，多數人判斷的依據都是「說話的人是誰」。各位是否有過這樣的經驗呢？原本無法溝通的事情，或你們明明說的是同樣的內容，由大老來說大家都能接受了。或是明明內容沒什麼大不了，由專家來說大家就好像聽了什麼了不起的評論。就是這麼一回事，所以如果不懂得活用這點，工作就很難推動。活用外部壓力時必須考慮的重點從以下三個角度切入。

活用相同組織屬性的人：群體

首先最重要的，是交給相同組織屬性的人來說。譬如像我這樣的民間人士，如果建議公所職員「公所應該這麼做」，一定會有許多公所的主管覺得「民間的人會這麼說應該是想賺錢」。換句話說，他們拉出了一條界線區分自己這邊的人，與另一邊的人。很多人在聽屬性與自己不同的人說話時，一開始會抱持著戒心，各位必須把這點當成前提。

因此有時候活用屬性適合的外部壓力效果就會很好，譬如，由在其他地方做出實績的公所職員出面與公所職員溝通等。這麼一來，就能順利進入正題，不會在入口被「這傢伙與我們無關」或者「外部的人不要插嘴」等理由被掃地出門。

活用相同階級的人：階級

另一個切入的角度是階級。人對於比自己高或低的階級很敏感，尤其當置身於階級分明的組織會更加敏感。

所以當面對難以溝通的經理，就算找來相同屬性的人，但如果對方是階級比他低的課長，也多半沒有意義。倘若對象是經理，運用經理以上的外部壓力就很重要。

地方的人也一樣，只是找來年齡、經歷與對方相近的適當人選，溝通的難易程度就會明顯不同。舉例來說，如果我想要說服商店會長，與其由我親自出馬，還不如找另一位曾做出實際成果、說話條理分明的商店會長幫我溝通，更容易讓對方聽進去。但重要的是，自己必須下定決心準備傳達的內容與實行的項目。請各位注意，外部壓力終究只是溝通所需的人才，不是要你連溝通的內容都交給他去想。

活用外部評價：存在感

前面提到，說話的人是誰將改變溝通的難易程度，而最後的手段則是活用外部的人來改變自己的評價。在我剛起步的時候，當然也曾被當成是個大放厥詞的陌生小哥，但後來慢慢做出成績，外部評價逐漸提高，周圍看待我的眼光也漸漸變得不同。

反之，當地的評價是固定的，包含前輩後輩對你的看法當然不會改變，改變評價必須由外部做起。賞識你的人多半來自外部，因此通常都是先獲得外部的賞識，最後才在故鄉得到器重。能夠獲得賞識當然是因為踏實的努力，做好本份的工作，得到不錯的成果，如果只在地方埋頭苦幹就太吃虧了。

也許就算獲得表揚，也不可能具體改變什麼，被外部視為專家也沒有意義。但某些時候，這些都能在改變當地的評價時發揮有效的作用。不只自己的評價，還有團隊的評價。譬如把團隊做過的計畫送到外面參賽獲得好評，也能有效地幫助你們在當地嶄露頭角。這也是利用外部壓力，讓當地人覺得你們很厲害的方法。

請外部的人出面說服時不能完全沒有想法，你必須先知道有「群體」、「階級」、「存在感」這三種切入的角度，並審慎判斷對哪個人要用什麼方式、使用哪種外部壓力再進行。說明的人比說明的內容更重要，想一想你要請誰幫你怎麼說，外部的評價也比當地的評價更受人重視。就算只是把著力點放在這幾個地方，或許就能扭轉情勢的發展。

5 把想法說出口，用四個行動展現

群體共同抱持著這些幻想，通常是不想負責任，只想坐享其成，以及將維持現狀正當化。如果想要打破地方的現狀，為地方帶來改變，就必須避開這些壓力，持續自己的行動。

「看狀況」會擊潰挑戰者

看到別人的成功會感到忌妒與恐懼，或許是人類非常自然的情緒，但如果不加以控制，甚至任其暴衝肆虐，這種行動就完全不理性了。千萬不能忘記，這樣的情緒不僅會阻止你發起下一步新的行動，也會將自己捲入衰退。因為敵人不是眼前的傢伙，外面才有更多的敵人。

「嫉妒」與「遭到嫉妒感到好累」將讓地方陷入新的負面循環。那麼，該怎麼做才能打破這樣的負面循環呢？

要解決這個問題，可以分成兩個方面來思考。分別是「眼前有挑戰者和成功者的時候，當地的人該採取什麼行動」，以及「挑戰者和成功者該注意什麼事情」。這兩個方面又分別有兩點該注意的事項，因此兩者合起來或許可稱為「四個行動」。

① 用「具體行動」展現你的支持

舉例來說，新的店鋪開幕時，地方公所就會立刻介紹租金補助或改裝費補助等補助款的申請方式，但我所投資或經營的計畫完全不申請補助，因為不管申請到多少補助款，都只能稍微減輕初期投資與經營的經費負擔。

經營最重要的當然是營收，而創造營收的不是別人，就是當地人。具體的行動很簡單。舉例來說，如果當地開了一家地產地消的餐廳，那就讓當地大老去吃一次、請當地人幫忙將餐廳推薦給別人、公所職員一起光臨，就算只是吃頓午餐也好，徹底幫忙將消費圈擴大。這股力量能夠幫助創業者撐過最艱苦的時期。

「支持」＝「貢獻營收」

舉例來說，我也曾以董事的身分在愛知縣春日井市勝川參與地區再生計畫。這項事業從改裝木造兩層樓的建築開始，最初只有四家店進駐，三年後買下旁邊的空地，建造兩層樓的建築，開發約十家店進駐的小規模商業設施，接著在二〇二一年全面改裝站前成為閒置店面的再開發大樓一樓，推動再生計畫，使其成為結合健身房、共享辦公室、共享廚房等各種業態的複合據點。而這項事業的第一期計畫，也就是將木造兩層樓改裝成店面時，有一家英語會話教室願意進駐。

這家英語會話教室最初只有六名學生，但學生人數在一年內急速增加到近一百人，後來搬到第二期開發的新建商業設施，這時已經成為學生多達一百五十人以上的人氣教室。能有這樣的成績當然是因為經營者的努力，但他在剛創辦時也去拜託家長會長、商工會議所職員、扶輪社董事等地方大老幫他進行第一次開店的人做不到的宣傳，透過各種管道請大家幫忙推薦。

商店街也會把閒置店鋪對策掛在嘴邊，但這句話很讓人頭大，沒有人會為了處理閒置店鋪的問題而開店。開店是為了做生意賺錢，透過自己的生意帶給別人幸福，才能愉快持續下去。進駐閒置店鋪是手段不是目的，重要的是在開店之後提供支持，讓店家能夠確實賺到錢。只要新開店的人獲利不錯，「那個點似乎能賺錢」的消息就會傳開，想在這條商店街開店的人就會聚集過來，事實上勝川在這五年就開了超過二十家店。

移居定居的政策也一樣，只看人口數會讓人很傷腦筋。地方的相關人員必須盡全力協助搬過來的人過著幸福富足的生活，否則就不會有其他人想來。

唯有透過具體的行動，帶來營收等成果才是支持。客人會不會再度上門當然得看店家的努力，但大家抱著支持的想法至少光臨一次看看，或是幫店家介紹客人還是相當重要，畢竟光用嘴巴說「我打從心裡支持」沒有任何意義。

說到支持創業，往往會討論政府的支援政策，事實上，有機會成為常客的當地人所採取的行動更加重要。

②「看狀況」相當於等著對方失敗

不管是新開的麵包店還是英語會話教室，如果當地人在一旁說著「開在那個點的店三個月就會倒」、「大概撐不到一年」之類的風涼話，一副「我就看你有多大能耐」似的袖手旁觀，就相當於等著店家倒閉一樣。如果身邊有這樣的人，應該反過來積極公開宣稱「我要支持那家店」，大家一起以購買的行動展現支持，就算只有一個人也好，只要有人採取這樣的行動，對新開的店來說就不知道是多大的救贖。

更重要的是，地方經濟存在著群聚效應，如果有某一家店生意特別好，這家店不僅不會把顧客全部搶走，反而還會產生吸引新的顧客來到這個地方的動力。這就像是如果有個地方搬來了一些人，並利用新的地方產業計畫創造出獲利模式，那麼這裡就會比即使搬來也過得不開心的地方，更容易吸引人陸陸續續移居過來一樣。所以在別人剛創業、最不安的時期，不要只是看狀況，請給予實際的支持。

另一種情況是，明明只是袖手旁觀，卻在倒閉之後才說自己原本很支持之類的，這種風涼話根本無法帶來安慰。而且「那個地方不適合挑戰，新的店開不起來」之類的消息只要一傳開，原本想要挑戰的人就會漸漸不願意站出來，導致衰退更加嚴重。換句話說，在地方累積愈來愈多新的店倒閉之類的失敗案例，負面評價最後也會落到當地人身上，各位必須更嚴峻地看待這件事情。

支持不是為了別人。因為你的支持，最後也會回饋到這個地方、回饋到自己身上。

倉敷的大實業家大原孫三郎留下的「最棒的一席話」

另一方面，從「挑戰者的觀點」來看，又必須抱持著什麼樣的思維呢？事實上，從前人的例子來看，也有人認為正因為遭到許多反對，才顯得這是「有價值的事業」。

③ 趁著七到八個人反對時著手的才是「事業」

大原孫三郎（1880–1943）是岡山縣倉敷市出生的大實業家，曾擔任倉敷紡績、倉敷絹織等許多公司的社長。他也以身為最早將「勞動科學」正式引進日本的其中一人而聞名，致力於改善勞工環境，此外，在近代美術收藏等文化事業也立下功勞。

不過，大原孫三郎的事業以當時的眼光來看屬於偏門左道，總是不斷遭到旁人批評。但是他在生前曾說過這麼一段話：

「開創事業，必須趁著十個人裡面只有兩、三人贊成時著手。沒有任何一人贊成還太早，但等到十個人當中多達五個人贊成的時候才開始，就已經太遲了。如果七到八個人都贊成，那就不要去做比較好。」

像他這樣的做法，即使遭到親朋好友反對也不氣餒，依然主動想要嘗試，必須在只有兩到三人贊成的時候挑戰。因為等到挑戰成功之後，可能又會出現新的反對者，但就可以樂觀地認為「大家都沒發現」新的反對者。

④ 培養其他對手，而不是擊垮他們

「福岡市有一家名為「福屋」的知名企業。福屋的創辦人與第二代社長親子兩代，透過兩個劃時代的開發，使明太子發展成福岡的地方產業。

第一是研發出辣味明太子，甚至還將製作方法免費提供給其他企業，結果在全盛期創造出規模超過一千五百億日圓的明太子市場。據說創辦人川原俊夫曾說過，明太子必須成為一道家常小菜，而不是罕見珍饈。如果明太子像醃菜一樣大家都能製作，就必定會被端上餐桌。等到明太子這麼普及的時候，福屋只要製作出高品質產品，就絕對會暢銷——這就是他的想法。所以明太子不再是只有某家企業才會做的密傳珍饈，而是成為主流的家常小菜，納入便利商店飯糰的經典口味，可說是為地方產業奠定了非常重要的基礎。

此外，福屋創辦人的兒子們，也領先九州其他公司使用電腦開發劃時代的通販系統，並利用這套系統在全國建立銷售網路，而他們客服中心的員工，甚至還包含了正職人員。這套方法也同樣對當地的其他公司公開，讓九州的通販市場一口氣興盛起來。據說包含Q'SAI、Yazuya等知名公司在內的許多九州通販企業，都參考了福屋的做法。於是，九州成為通販企業的一大集散地，甚至被形容為「通販大國」。福屋透過父子兩代的努力，不僅沒有擊潰地方的對手，反而還幫助他們壯大，成為為地方帶來廣泛貢獻的企業。除此之外，福屋也大規模協助地方傳統活動博多祇園山笠祭等，最近也毫不吝惜地贊助年輕人的企畫。創辦人川原俊夫（1918–1980）也以完全不考慮節稅而聞名，該繳納的稅金分文不少，剩下的錢就盡可能持續不斷地投資在地方發展。

福屋沒有到處擊潰挑戰者，反而培養或投資他們。這家公司至今也持續贊助福岡市新創企業的活動等，繼續在廣泛的領域帶來貢獻。擁有這種公司的城市，必定能夠持續成長。

「樂觀的地方」就會吸引人聚集

透過以上的例子可以知道，有些人雖然招來忌妒，卻能夠獲得更多感謝，也有人以無可比擬的貢獻度克服這些負面情緒。面對成功者時不是想著要打敗他，而是稱讚他、向他討教，這麼一來，獲得讚賞的成功者也能以開放的姿態面對大家。當這樣的合作發揮作用時，就會在地方創造出擁有競爭力的大型產業。

大家開開心心地歡笑暢飲、愉快生活的地方，當然比勾心鬥角、互扯後腿的地方更容易聚集人群，挑戰也更容易獲得成果。而這個成果也不會被破壞，甚至有機會惠及整個地方。

忌妒的情緒棲息在每個人的心裡，所以更需要有意識地將這樣的情緒轉換成具體的支援，或是學習的態度，只要轉換想法就能帶來重大改變。改變地方自己一個人也能做到，我想就從改變每天的生活開始。

第四章　幻想在「委託外地人」時帶來失敗

近年來，地方公共團體在人口逐漸減少的情況下，展開無謂的競爭。譬如，利用地方振興協力隊的制度招攬年輕人來到地方，使用關係人口這種相當模糊的表現，將預算花在擴大與外地人的接觸。

然而，對地方來說，該如何與外地人往來才有建設性，依然虛無飄渺。

因此，有些地方幻想外地人是來把當地弄得一團糟的壞人，也有地方過度崇拜東京知名的智庫與顧問，腦袋被「外地人就是比較在行」的幻想占據。

地方的任務八成外包，「東京的顧問」承攬其中半數委託

第二次安倍政權的地方創生政策，根據「地方公共團體未來必須依照各自特色擬定獨自戰略」的想法分配預算。那麼實際狀況又是如何呢？

二〇一七年，公益財團法人地方自治綜合研究所調查了預算的去向。根據該調查，地方公共團體中，約有八成將擬訂綜合戰略的任務發包給外部顧問。接著也發現，無論是委託額還是委託件數，總公司位於東京的組織占了所有發包的五成以上。結果原本應

該特地分配給地方的資金，四成以上（=0.8×0.5）又流回了東京。

話說回來，國家原本是為了幫助地方自行擬訂計畫，希望各個地方能夠活用預算發揮獨特性，才從國庫撥出這筆資金。

結果地方公共團體都交出了大同小異、有名無實的綜合戰略，內容全部都是地方公共團體的人口預測、產業結構、今後的預測等類似的分析，在當時被稱為「地方創生綜合戰略泡沫現象」。形成了東京的顧問接受委託製作計畫，再由地方公共團體繳交上去這種讓人哭笑不得的狀況。

某個地方公共團體在改建市公所時也曾發生過離譜的事情。他們委託東京的工程顧問擬訂計畫，由東京的事務所進行基本設計和細部設計，結果等到真正著手開發時，才發現當地根本沒有足以實現複雜設計的建設公司，結果甚至連公共事業都稱不上。

由此可知，即使委託「外部人員」與「外部企業」，也必須將地方經濟結構的概貌放在腦海裡。如果完全忽視錢的問題，把所有一切都委託給地方以外看似優秀的人才，或是確實聽過名稱的大規模企業進行，結果製作出來的都是無法把錢留在地方的計畫。

這種計畫執行得愈多，地方就會愈貧窮。

重要的是，無論多麼出色的公司，最後執行的都是「個人」。把錢花在那裡，真的能有回報嗎？思考這件事情時必須觀察負責的人，因此除了每項計畫的事業收支之外，還必須由本地人和外地人雙方互相配合，建立一套透過事業改善域外收支與平均所得的模式。

就這層意義來看，所有一切都立基於「人口」的討論，若耗費預算盲目招攬來自都市的移居者與定居者，企圖增加與都市地區的「關係人口」，將有可能助長地方衰退。地方在與外部的人合作時，必須隨時檢查投資是否真的能夠回收？是否真的能將財富從外地帶回地方？

「外地人」與地方保持適當距離，在社區營造的領域相當重要。這一方面是在地人基本態度的問題，另一方面也是在不知道該怎麼做能改善地方的情況下，自以為在幫助地方的外地人的問題。正因為沒有惡意，才更應該停下腳步，思考雙方應該保持什麼樣的關係最為理想，否則最後只會帶給彼此不舒服的感覺。

本章將以地方的經濟結構為前提，整理在地人眼中與外地人合作的幻想，以及外地人所看見的幻想，並尋求解決方法。

1 聘請外地人卻完全不顧及收支問題的幻想

地方經常存在著一種幻想，認為聘請優秀的外地人來幫忙，地方就會變得更富裕。但是聘請優秀的外地人非常困難。首先，只靠著「優秀」這兩個字根本無法選定人才，況且還必須擬定個別且具體的條件，譬如自己的地方想要做什麼、需要有哪些技術與經驗的人等等。而更重要的是「錢」的問題。無論是往來交通，還是知識經驗的交換，都必須支付某種形式酬勞。

經營地方事業時，賺錢與否不能只考慮個人的交易，還必須將地方整體的經濟循環結構放在腦海裡，而且執行的計畫必須為整個地方帶來好處。即使這個計畫有盈餘、在地人與外地人都能獲取酬勞，也必須把觀察的視野放大到整個地方。如果這時發現地方支付給外地人的酬勞，大於從外地流入地方的財富，那麼就算個別事業能夠獲利，對整個地方的經營依然會成為虧損。

因此擬訂計畫時如果不確實理解域外收支結構，聘請愈多的外地人就會帶給地方愈多的損失。

在考慮如何與外地人合作之前，必須理解「地方經濟循環結構」

考慮在地人與外地人的關係時，必須先將有建設性的地方經濟循環結構圖放在腦海裡。地方經濟建立在地方內與地方外的交易上，如果域外收支虧損，財富就會逐漸從地方流出並導致衰退。販賣透過某種生產活動製作的商品與服務，就會產生財富分配，而地方振興的基礎就是改善平均所得。雖然有些價值不能以金錢衡量，但如果平均所得不改善，就無法擴大內需，也很難從外地購買地方需要的商品。

過去的地方振興就算說了漂亮話，也因為平均所得無法改善，導致人才從地方流出。所以活化地方的計畫，必須思考以什麼樣的方式來強化財富分配。

身為外地人，為了避免域外收支出現虧損，最低限度能做的，還是將地方的商品與服務賣到外地，並在這個範圍內努力創造自己的收入。簡單來說，即使農產品在當地流通，生產與消費也只侷限於地方內，因此也必須與外地往來創造收入。透過觀光開創新的顧客固然是一個方法，但利用物質經濟將財富從外地帶進地方也是有可能的。

地方最重要的是如何創造所得，而平均所得由「勞動所得」與「資本所得」構成。這時改善勞動所得固然重要，但如果能夠基於地方資本進行生產，將資本所得適當地分配給大家，這樣的狀況最是理想。過去只要把錢存進地方銀行，就能投資和融資給地方內企業，並將獲得的利潤回饋給存款帳戶成為利息，但現在地方銀行已經逐漸失去這樣的功能。一旦以地方外的資本進行生產，消費就會流出地方，導致域外收支惡化。

前面提到的西班牙巴斯克自治區的勞工合作社制度，其特色就是資本由勞工提供，盡可能縮小勞工與經營者的收入差距。讓勞工也能獲得資本所得，提高勞工平均收入，創造地方內的消費，如此一來勞工也有能力投資下一項事業，帶來正向循環。

現在的地方經濟結構的問題就在於，多數地方勞工的勞動所得偏低，更糟的情況是連資本所得也完全沒有。如果這個時候再聘請外地顧問，收取天價顧問費，將導致域外收支更加惡化。即使重新開發，進駐商店也全部都是外地資本的連鎖店，導致地方愈開發愈貧窮。

地方的發展有時確實需要外地資本對地方的投資，但依然有必要逐漸轉換成當地資本。生產也是一樣，地方需要的商品如果無法在本地製作，就必須從外地輸入，但如果透過進口替代改為在當地製作，財富就能流回地方。倘若競爭力提高，甚至還有機會出口到其他地區，賺取外地的財富。

如果錢都讓外部資本賺走，不管地方搬來多少人，地方的人都不會變得富足。以觀光區為例，夏威夷當地人都從事亞麻等觀光產業，但另一方面不動產價格飛漲，在當地造成無家者等貧富差距問題。沖繩近年來也因為東京資本與外資的開發，為觀光產業帶來成長，但縣民的平均所得卻沒有顯著改善。創造工作機會固然重要，但如果永遠都是低薪勞動，就無法帶來突破。

地方經濟結構可利用產業相關表分析，但現在利用內閣府提供的RESAS[9]就能立刻掌握全貌。此外，如果想瞭解經濟學對於創造地方經濟變化的見解，建議閱讀中村良平的《社區營造結

地方經濟循環示意圖

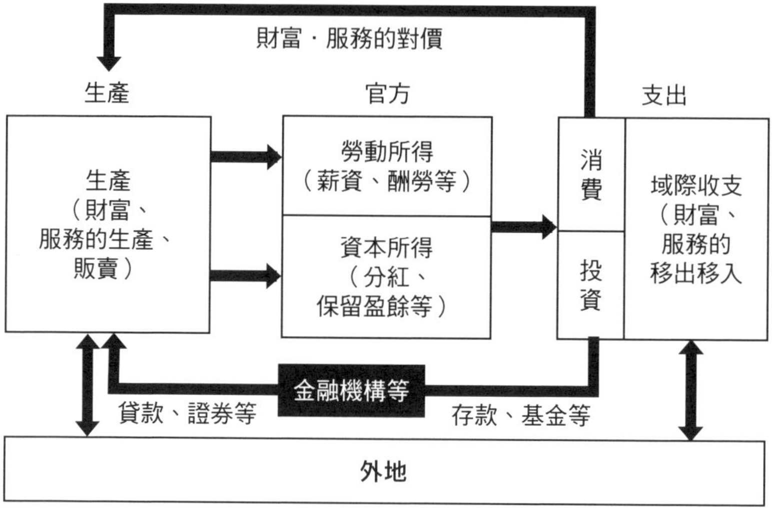

資料：環境省

構改革》（まちづくり構造改革）。

也就是說，促進地方活性化必須優先考慮盡可能透過農漁業、工業、商業等來修正這個問題，並在與外地人合作時，改善域外收支的計畫。在地人與外地人首先至少要能理解對方，並根據這些重點擬定和分享計畫。換句話說，不是聘請外地的優秀人才就萬事大吉，還必須考慮支付的酬勞與域外收入之間的平衡。

地方最大產業年金與時限

考慮地方金流的話題時，也不能忽視年金。

財源不只透過交付金和補助金等機制從都市分配到地方，也透過年金機制，從壯年世代徵稅給付給高齡者。

日本的年金給付總額已經達到約五十五兆日圓。將這筆錢與汽車產業的市場規模

9 編注：Regional Economy Society Analyzing System 的縮寫，地域經濟分析系統。

（六十九點六兆日圓）、金融業市場規模（六十五點六兆日圓），或貿易公司的市場規模（五十三點七兆日圓）相比，就知道金額有多麼龐大。

日經新聞調查了每家超市的來客數與販賣金額，而根據調查結果，二〇一八年全國所有區域年金給付日的來客數與販賣金額都超過發薪日。年金給付日的消費與二〇〇八年相比也顯著擴大，若以消費金額為基礎，年金給付日的消費擴大幅度明顯大於發薪日。高齡者中心社會的日本已然成為年金大國。

這代表地方透過自己的事業賺到的錢，還不如政府根據制度分配下來的錢多，所以許多地方的公所都成為當地最大的企業。地方該如何運用靠著年金、交付金、補助金支撐的地方內經濟培育地方產業，使其成為能夠從外地賺錢的民間經濟呢？否則只要地方內的高齡者人數隨著去世自然減少，內需就會逐漸萎縮。更進一步來說，現在這些高齡者的下一代多數移到都市地區，高齡者的存款被他們繼承之後，也多半轉移到都市。

現在的年死亡人數約一百三十八萬人左右，預計到了二〇三〇年前後，將增加到一百六十萬人左右。根據二〇一四年九月號的三井住友信託銀行調查月報預測，今後二十年左右的繼承資產總額將超過六百五十兆日圓。而不出所料，從地方流入東京的金額很高，根據預測，即使扣除流出的金額，依然超過約三十兆日圓。接下來不只要關注人口的單極集中，也不得不思考就連資金也逐漸往東京單極集中。

如果連資本都從地方消失，那麼前述那套以地方內的資金投資，促進地方內的經濟循環，甚至將商品賣到外地的模式就難以成立。到時候討論的話題已經不再是地方銀行缺乏放款對象了，因為就連放款的資金都將逐漸流失。而這個時限即將到來。

如果只顧著處理被困在地方幻想中的人口論，將連無形的地方經濟結構，甚至連阻止資本流出所剩的時間都視而不見。在地人與外地人一起推動計畫時，必須期待如何透過這項計畫，以剩餘的時間、剩餘的地方資本，建立除了制度之外從外地獲利的模式。

2 「關係人口能夠增加地方的粉絲」是一種幻想

關係人口既不是移居或定居的人口，也不是單純的觀光客，再加上總務省將其列入政策，因此其存在的意義就受到矚目。關係人口是居住人口與交流人口之外的第三種人口，因此不少人都對其抱持著幻想，認為「只要增加地方的粉絲，地方就會變好」。

增加地方的粉絲固然重要，但這不單單只是讓自稱粉絲的人變多，還需要有更具體的行動配套。

我會這麼說是因為增加支持者的行為表面上宣稱「這不是錢的問題，彼此的關係才是最重要的」，但多數計畫其實都靠著政府的預算支撐。花錢建立與錢無關的關係是一種矛盾，而這種矛盾正可說是忘記對自己不利的部分，並仰賴幻想所採取的措施。

用盡經費的招攬行動逐漸加重地方的負擔

最近在反映現有移居定居政策難處的同時，也開始試圖將都市人口與地方人口的交集數值化，這就是所謂的「關係人口」。

但關係人口的定義非常模糊，討論的內容也與原本的人口論不同。而另一方面，由於政府將「關係人口」這個曖昧不明的詞彙放進目標裡，因此可以看見所有的公共團體正準備展開一場招攬關係人口的大戰。

事實上，地方需要的不只是單純維持寬鬆關係的人口。那些能夠明確帶來消費或成為勞動力的人口，即使不移居或定居，也仍有招攬的價值，而這些都需要花費「招攬成本」。然而，地方現在動不動就進行「招攬」。過去招攬工廠、招攬大型商業設施，最近則是從招攬觀光客到促進移居定居。這些從外部招攬地方缺乏的事物以促進地方活性化的方法，長久以來都在各種不同的領域執行。透過這樣的招攬可以創造數十個工作機會固然不錯，但我幾乎沒看過哪個地方能詳細整理出這些工作能夠創造多少所得，或是依所得總額計算能夠課徵多少稅金等資金出口。

更進一步來說，雖然為了招攬這些設施進駐，需要補助多少辦公室裝潢費與租金等成本顯而易見，但收入面多半只能透過人數掌握。而且如果招攬的是工廠，除了設施本身之外，還必須建造周邊道路與上下水道等基礎設施，但對於能夠成為地方公共團體稅收的收入，譬如可從生產設備等徵收的固定資產稅等，卻一點概念也沒有。

撤退的工廠與商業設施也不少。

即使花費了龐大的稅金招攬工廠，但若經營不善一樣會縮小生產規模甚至撤退，留給地方的只有負資產，於是地方又為了活用這些「閒置資產」投入稅金。這就是為什麼在地方也能看見這類本末倒置的事業。

但有鑑於就現狀而言，考慮到人口減少、全球的製造業競爭、包含網路在內的商業競爭環境等，中長期來看撤退風險增加也是理所當然，因此評估「投資報酬率」時當然也必須一併考量這些因素。如果不以評估過風險的損益為前提，比較金錢的收入與支出，做出能為整個地方創造盈餘的經營判斷，那麼地方日後也可能因為招攬工廠進駐而衰敗。

以近年的觀光領域為例，超荷旅遊導致地方的負擔高到近乎破壞日常生活，但觀光客與觀光產業企業，卻沒有付出高於這個負擔的適當代價。這樣的狀況凸顯出來，逐漸成為問題。這是薄利多銷的觀光客招攬措施導致地方衰敗的典型模式。

移居定居也一樣，必須考慮與所得的關係。

首先，移居定居者若想在地方從事工作，考慮這份工作是否能夠賺取一定的所得，並透過繳納所得稅、住民稅貢獻地方財政是一件重要的事情。招攬外地人來到地方，不應該只是為了抑制人口減少。

免費祭典只會增加都市的奧客，不會增加粉絲

許多地方一到初秋就會舉辦各種免費祭典，以免費食品招待來參加的人，這些祭典就是容易理解的案例。東京都內的地方特產直營店也會舉辦這類食品發送活動，有些地方甚至會特地支付廣告代理商高額委託費，請他們在東京市中心的車站前，免費發送地方特產的食品。

地方舉辦秋刀魚祭、扇貝祭、海膽祭等各式各樣的免費祭典，這些祭典雖然是都市居民的福音，但這麼做並不會增加地方真正的粉絲。都市居民頂多只覺得很高興能夠拿到免費商品，更糟的情況甚至會出現明明沒花錢還抱怨的奧客。人群單純只是因為地方提供了「便宜」這個經濟上的好處而聚集，換句話說，地方不過就是用錢買人氣罷了。

期待關係人口除了精神交流之外，也扮演兩個經濟上的角色

地方與關係人口之間，信賴感與彼此支持等精神交流固然重要，但現在有網路，物流也很發達，即使不住在當地，地方與都市之間的連結也變得非常高度且容易，懂得運用這點非常重要，但同時也別忘了精打細算。

二宮尊德的報德仕法[10]也很重視兼顧道德與經濟，他曾留下一句知名的教訓：「缺乏經濟的道德是夢話，缺乏道德的經濟是犯罪。」

這句話也可以套用在關係人口上，人際關係方面的德行固然重要，但經濟也不容忽視，兩者缺一不可。澀澤榮一的《論語與算盤》（論語と算盤），所說的正是兼顧這兩項要素的重要性。換句話說，重要的事物不能只看任何一個尺度，同時從精神性與經濟性兩方面切入的中庸之道也很重要。

我認為這些外地的關係人口與地方之間，除了精神方面的交流與合作之外，地方還必須期待他們扮演以下兩種經濟方面的角色。

第一，除了住在當地、造訪當地之外，還可以透過新型態的消費為地方帶來貢獻。要地方付錢確保關係人口太不合理，畢竟現在網路這麼普及，即使不造訪當地也能購買

當地的商品與服務。對地方而言，擁有這些理解和喜愛當地，而且即使住在都市依然在地方消費的人，想必具有重大的意義。

換句話說，重點就在於不是地方花錢確保關係人口，而是請都市地區的居民消費，確保關係人口的身分，雖然這聽起來理所當然。

另一個角色，就是成為地方「高附加價值的勞動力」，而這也是地方所缺乏的。許多企業都把總公司設在東京等都會區，每年約有三十兆日圓的域外收支，企劃、創意相關人才也都往都會區集中。

地方不缺乏以低廉報酬承攬低生產性業務的接案者，因此需要的是有能力創造全新附加價值的人才，由他們擬定並執行將便宜商品高價賣出的經營企畫。所謂的關係人口，必須運用這些「對於移居、定居地方有困難的人才」，藉此促進地方的經濟活動。尤其開放員工從事副業也成為上市企業的趨勢，各地都能逐漸看見以斜槓型態做出成果的案例。

地方招攬關係人口時，不應該漫無目的，而是必須根據「消費力」與「勞動力」這

10 譯注：二宮尊德是日本江戶時代後期的思想家，報德仕法是他所推動的財政改革。

兩項主軸，鎖定地方需要的關係人口，與這些人建立適當且有意義的關係，這點非常重要。現在正成長中的地方，都妥善執行了這點。就算是透過遠端也能製作有魅力的商品與服務，吸引外地人前來消費，並且增加更多想要與這個地方產生連結的關係者，藉此創造出計畫的能量。招攬關係人口不應該漫無目的，而是必須與能夠在這兩項主軸貢獻的人才踏實地建構信賴關係。

希望不要再有更多地方隨隨便便喊出「確保一百名關係人口」之類的目標，並拿著國家撥下來的經費成立「地方粉絲俱樂部」了。

沒有真材實料就無法與「外地人」建立健全的關係

關係人口的宣傳當中，也有不少打腫臉充胖子的內容。明明可以呈現更自然的樣貌，但不少地方都只想讓都市看見自己光鮮亮麗的那面。因為至今仍有人抱持著幻想，以為所謂的宣傳，就是推銷擦脂抹粉過的虛象。

但是，一個地方如果沒有「料」，不管讓多少人認識這個地方，這些人都不會成為地方的遠端消費力，也不會在地方有困難時，成為伸出援手的勞動力。我認為在對外宣傳誇張的內容之前，更重要的應該是先看向地方，創造「真材實料」的吸引力。

我以前拜訪鯖江市時曾與當地人聊過，他們說出來的話讓我吃驚。鯖江是全球知名的眼鏡產地，但據說當地的學校在輔導學生升學時，常把「不好好讀書就只能去眼鏡工廠工作」掛在嘴邊。然而話說回來，任何一座小鎮都有這樣的故事，「如果不讀書就只能留在當地，從事沒有人想做的工作」，這樣的想法實在太過悲慘。

但是鯖江前輩們的偉大之處就在於，就算大家都這麼說，當地的經營者依然沒有放棄地方產業，持續開發新的技術和商品，現在就連轉用眼鏡技術的醫療器材相關產業領域都大幅成長。眼鏡領域當然也一樣，自行製作最終產品的製造商增加，不僅在日本全國熱銷，甚至還有來自義大利的企業併購。

我去到鯖江的時候，能夠感受到當地人的自信與魅力。

所謂有魅力的小鎮，最重要的是當地人自然而然散發出的驕傲感，這樣的地方魅力即使強迫推銷也推銷不來。當地人從自己的工作中發現價值，懷著這樣的驕傲從事支撐地方的產業，這些人的話語中就充滿了魅力。

同時也因為當地擁有紮實的產業，如果喜歡上這個地方，就可以在當地訂做眼鏡，購買能讓他們從外地獲得收入的商品。雖然我只在那裡停留短短幾個小時，卻也忍不住花了好幾萬日圓購買眼鏡。現在鯖江的眼鏡產業與醫療儀器相關產業已經受到全球矚目，甚至成為義大利等外資希望收購的國際化產業。

此外，由竹部美樹擔任負責人的NPO法人「Lcommunity」，從SAP JAPAN與KDDI等來自海外或東京等的外地民間企業募集各項資金，提供當地孩子最先端的程式設計教育。在當地挑戰創新的不只是傳統產業，還有這種透過與企業合作，讓當地孩子盡早接觸未來必要領域所需的知識，因此地方官民都全力配合。

地方產業擁有這種不只以東京，甚至以海外為對象，並且放眼未來進行投資的人才，就是與外地人及外地企業建立建設性關係的一大前提。這麼一來，挑戰的就不只個人，也會出現希望與包含企業在內的對象一起合作的人，甚至可能發展成共同提供技術與資金的夥伴關係。

地方從外地招攬關係人口，不應該是在鼻子前掛著紅蘿蔔的膚淺交流，在此之前應該先深入發掘地方魅力、累積自己的挑戰，而後才與地方真正需要的外地人一起合作。關係人口應該是吸引而來，不是追求而來。

3 為什麼會出現「蠹狗顧問」

說到外地人的問題，就不得不提到顧問問題。「不懂的事情就交給專家」的幻想，至今仍在地方蔓延。

外地人當中雖然也不乏壯志凌雲、想為地方帶來貢獻的個人與組織，但確實也有許多顧問像蠹狗一樣，覬覦政府撥給地方的預算，覺得是門好賺的生意。

基本上應該由地方的人自己擬定計畫、成立事業、形成產業。如果缺乏做得到的人才，就應該投資教育訓練，培養當地人這方面的能力。

就連明治時代的岩倉具視等人，都認為應該到海外走走看看，累積知識、技術與人脈。如果還是需要外部力量，那就像開拓北海道時一樣，成立農學院，支付高額酬勞，短期聘請美國的技術人員，請他們教育和訓練日本年輕人，開發本地人才。換句話說，把所有一切都外包，當地人學不到任何事情，是一種不健全的交流方式。

發包的人與承攬的人都有責任

我們能在二〇二一年從新冠病毒疫情中重新振作，讓經濟恢復嗎？這正是緊迫的課題，但地方眼前有一件必須注意的事。

國家以「疫情對策費」的名義將高度自由的資金撥給了地方，譬如「因應新冠病毒疫情之地方創生臨時交付金」，而地方必須注意的就是這些資金如何運用。

內閣會議在二〇二〇年四月二十二日決定提撥一兆日圓的「因應新冠病毒疫情之地方創生臨時交付金」（一次修正預算），這筆預算於四月底通過。接著全國知事會等也提出兩兆日圓的增額請求，並於六月十二日通過第二次修正預算。能夠使用於地方的交付金，總共達到三兆日圓。

關於這筆鉅額資金的運用，全國各地的地方公共團體都陸續接到來自東京的顧問公司聯絡，他們宣稱有方案想要提出，希望地方能夠抽空聽聽，而這樣的聯絡至今依然絡繹不絕。這些顧問公司都很清楚，地方有一筆能夠自行裁量使用的資金。

雖然主動推銷的一方讓人頗有微詞，但聽了提案就付錢的一方也太過於習慣外包，我想這就是存在於地方的問題。

「沒做過的事情就不會做」的幻想，與「不會做可以外包」的幻想結合在一起，或許不知不覺間就不再自己動腦思考，而很多惡質的外地人正看準了這點。

如果總是不斷外包，最後就只懂得外包，連判斷外包成果的好壞都做不到

現在地方各項事業的問題點，就在於計畫也外包、開發也外包、經營也外包，所有一切都外包。

就如同前面提過的，其實在地方創生政策剛起步時，幾乎所有的地方創生綜合戰略都交由外包的公司運作規劃。不只計畫，就連個別事業也全部交給顧問處理。而丟給別人的計畫與事業，再怎麼透過 PDCA 循環管理[11]都是白費工夫。

「移居定居的宣傳」也外包、「企劃地方的宣傳影片，並提高 YouTube 觀看人數」也外包、「吸引更多人來響應鄉土納稅的企畫」也外包，總之就是外包、外包、外包。外

11 編注：美國學者威廉・戴明（William Edwards Deming）提出的循環式品質管理方法，透過規劃（plan）、執行（do）、查核（check）與行動（act）四步驟不斷循環，以確保成果的品質。

包的案件絡繹不絕。

總公司在東京的智庫與代理商，不可能詳知全國各個角落，也不會根據地方的狀況從零開始製作提案。東京特地撥給地方的稅金，卻因為地方「什麼都外包」的習慣又流回東京的公司。地方最後得到的只有這些公司應付了事的提案，而且還將這些馬馬虎虎的計畫照單全收，不斷地重蹈覆轍，加速衰退。這樣的惡性循環正在發生。

外包主義奪走地方的三種能力

地方的這種外包主義，以及群聚在一旁蠢蠢欲動的顧問公司所帶來的惡性循環，已奪走地方的三種能力。

① 失去執行能力，光靠自己什麼也做不到

不管做什麼都外包，將使地方失去自己思考企畫並執行的能力。結果什麼事情都要外包才能做，導致機動力變弱，任何變更都需要與承攬單位商量，甚至不少時候還必須追加預算。如果是單年度主義的行政單位等，即使中途知道計畫執行得並不順利，依然會固執地堅持依照計畫進行。

②　失去判斷能力

原本都靠自己，只把一部分外包還無所謂，如果不管任何事情都發包出去，就會什麼都搞不清楚。所以最後就連設計交給別人執行的業務內容都外包，甚至失去判斷成品好壞的能力。這也是那些有名無實的顧問還能到處接到工作的原因。

有些製造商即使委外代工，依然會為了判斷估價是否適當、品質是否合格，以及維持技術開發的能力而保留小規模自行製造的子公司。只要保有判斷能力，就能適當地運用外包廠商。

③　失去經濟的自主性，錢花到盡頭就是緣分的終點

而外包主義最糟糕的部分，就是每年持續支付對方開出的金額。如果把自己無法執行、甚至不能判斷的事情委託給別人，一旦發生了什麼事情也沒辦法說「既然這樣我就自己做」。

無論做什麼事情都是預算、預算。況且事業總是失敗，花光預算也是理所當然。而錢花到盡頭就是緣分的終點，承接委託時願意接受諮詢的企業，這時也會拋下一句「沒有酬勞恕我們無法承接」而轉頭就走，於是地方就此陷入僵局。那麼，地方該怎麼做才好呢？

為了戒掉依賴外包的癮，必須保留一定比例的自營事業

答案是與其把預算用於外包，不如用於人才投資。當地人是當事者，因此幫助他們累積知識與經驗，採取自主的行動比什麼都重要。

如果想要調查其他地方的案例，必須實際造訪當地，仔細調查實際狀況並整理成報告。就算把調查的工作外包給業者，甚至連「該怎麼做」都請業者幫忙想，也沒有囫圇吞棗連不知道的事情也完全照做來得可怕。

倘若製作報告需要累積高額預算，最好的方法是由行政單位的職員或企業的員工自行調查，幫助他們培養思考所需的技術。此外也必須籌措研習的資金，投資人才培訓，

養成「自己思考的能力」。

前面提過岩手縣紫波町的案例，當地無論是工作坊還是PFI的文件製作都沒有發包出去，取而代之的是送職員去接受研習，這才是地方該做的事情。所以他們日後才有辦法在OGAL計畫等實現政府與民間的複雜合作。

數十年前的綜合計畫等，由地方公共團體的職員、地方的專家、媒體等自己聚集在一起規劃，取得不少優秀的成果。全國各地都留下他們優秀的作品，譬如由公所的技師自行設計的小鎮公廁等公共建築。這些沒有發包給外地企業管理的事業，創造出地方的獨特性。現在號稱是地方自治的時代，地方的權限等應該更加擴充，而在這個時候，公所必須確實地重新檢討不得不仰賴外包執行並完成工作的方式，以及犧牲專業性的職務輪調等制度。

地方首先應該自行擬定「戒除外包依賴的計畫」不是嗎？

現在的地方完全不需要「像鬣狗一樣打電話來推銷的顧問」。那些有時間打電話來的幾乎可以說都是三流顧問，因為有實績和實力的人，手上總是有許多工作在進行。養著空閒職員的顧問公司，無論有名無名，都不是什麼正派公司。

地方絕對不能被這些公司騙倒。

首先就由地方的行政單位、民間團體自行展開從現在就可以開始的計畫，就算不知道該怎麼做也沒關係。如果挑戰失敗了，政府撥給地方的交付金也發揮了原本的作用，也能成為地方的一個經驗。自己動腦思考，反省失敗的結果，就能將這次的經驗應用在下一次的事業。

4 該怎麼做才能不把外地人當成祭品

地方振興協力隊作為地方招募外地人前來的對策，已經逐漸成為一項普及的制度。我也從大約十年前，地方振興協力隊制度剛建立時開始，就每年都會聽到許多狀況與內幕。地方振興協力隊現在已經相當普及，數量也在增加，去到地方時幾乎一定會遇到協力隊員。

這項制度接受總務省百分之百的補助，經費完全來自總務省的交付金，地方公共團體不需要自行負擔費用。地方能夠接受外來的移居者，並支付他們薪水長達三年。

極度衰退、因人手不足而煩惱的地方，接受以年輕人為主的外地人移居，以活化地方為目標運用這項制度。根據總務省的資料，二〇一九年度日本全國共有一千零七十一個地方公共團體引進地方振興協力隊（比二〇一八年度增加十個，二〇一八年度為一千零六十一個），從事地方振興的隊員人數達到五千三百四十九人（比二〇一八年度減少十人，二〇一八年度為五千三百五十九人）。本制度在剛起步時還是規模非常小的事業，但現在已經有超過五千人從全國各地移居地方，展開活動。

當規模變得這麼大的時候，就不可能一切都順利。從外地深入地方奮鬥的地方振興協力隊員，各自有著不同的煩惱，就像地方各有各的課題一樣。

尤其這個補助制度有時間限制，必須在三年內培養出能在這個地方自力更生的經濟能力。換句話說，他們必須去找工作或創業，但在衰退的地方很少有什麼亮眼的職缺。如果夠精明，可以在旺季的時候，找幾個人組成團隊，一起以承包的方式協助人手不足的地方內產業。地方雖然需要這樣的人才，但人數還不是很多。此外，地方希望為當地增加財源，因此最近也積極地協助地方振興隊員創業。

不過，就連原本在當地就有資產與信用的人想在這個地點創業都不容易了，在地方沒有任何資產的人想要建立事業當然更是困難。

我自己原本也是這樣的立場，所以非常清楚，即使去到地方，外地人終究還是外地人。在那裡和當地人一起做些事情，獲取相對應的報酬並不容易。而且就如同開頭的說明，如果身為外地人的我拿走全部的利潤，地方就會變得更加貧窮。為地方創造新的收入來源，從中獲取報酬，創辦自己的事業，成立自己的公司，不是一件簡單的事情。

我從高中一年級開始，就在東京早稻田一條小規模的蕭條商店街參與地方活動，而參與活動的那兩年一直都站在志工的立場，直到高中三年級才著手與夥伴一起成立公司，抱持著為地方創造全新收入來源的想法，與全國各地方的人士展開合作。但最初三年就像無頭蒼蠅一樣，幾乎連像樣的薪水都沒有。雖然一方面也是因為當時的我還非常不成熟，但即使就一般的角度來看，去到衰退的地方，在三年內確立自己的風格，為地方創造收入來源，進而打造自己的經濟基礎，也絕非易事。

地方如果袖手旁觀，讓隊員全部自己摸索並不會成功

地方從外地招募地方振興協力隊，希望為本地創造新的可能性，但這不單純只是隊員的責任。協力隊員與地方非親非故，住在當地的人也同樣必須面對該如何接納他們的問題。

換句話說，「把人從外地找來就能成功振興地方」只是個幻想。至少現在正加速惡化的人口減少問題，不會因為只來了幾名或幾十名地方振興協力隊員就解決。當改變的契機來臨時，考驗的將是隊員、當地人、地方公共團體關係者這三方能夠建立多麼緊密的合作關係。

但有些地方的人在面對這些來自外地的年輕人時，依然抱持著「我就看你有多少本

事」的態度在一旁觀望，如果他們成功了，甚至還會扯後腿，覺得「明明就是從外地來的，真不公平」。

江戶時代的二宮尊德，在招募外地人搬到差點就要廢村的村子時，給了他們氣派的屋子與農機具，要求他們全力以赴。這個舉動也招致許多村民忌妒，於是二宮尊德說了以下這段話：

「這些人來到土生土長的人都想逃出去的陌生村子挑戰，連一塊田都沒有，給他們這些理所當然。提供他們全力以赴的環境很重要。」

地方公共團體的職員聽從上級的命令，在沒有任何預算的情況下從外地招募人搬來。如果只是招募，連計畫也沒有準備，就像是盲目地將報名的人帶來地方「養套殺」。這種做法，不管來的是什麼隊員都不會成功。

其中有些協力隊員，因為太過無事可做，被公所交辦把文件放入信封之類的工作，也有一些協力隊員不但被丟著不管，甚至還必須遵守禁止跨市町村移動的規定，這樣的狀況簡直就是地獄。

至於隊員方面，有些是具備技能認真想要做事，但也有一些是抱持著打工度假國內版的心態前來，這些人不是來「振興地方」，而是來「尋找自己」，從他們身上也能窺見這種心態上的矛盾。也有一些人已經有自己想做的事情，聽說參加地方振興協力隊可以拿到三年的薪水，還能做自己喜歡的事就來報名，但他們做的事情和地方沒什麼關係。還有人已經擁有家庭，他們成為地方協力隊員與其說是想在地方實現什麼，不如說只是為了領薪水。三年的任期結束後，就加入其他地方的地方振興協力隊，到處跳來跳去。雖然就制度來看沒有問題，但部分「外地人」有問題卻是事實。如果不細緻地媒合招募方與前來的外地人，那就真的只是從外地拉人進來湊人數而已。

招募地方振興協力隊等「外地人」前來時必須注意的重點

招募地方振興協力隊等外地人來到地方時，至少必須注意以下這些事項。否則可能會從外地找來離譜的人，或者也可能即使找來優秀的人才也無法妥善運用。

① 必須全國一律允許兼職

就算三年後想在地方創業，也可能在這段期間承攬其他地方的工作；或是可能未來想要就業，也可能在這三年的業務期間做準備，而且如果能在試用期間嘗試是最好的，因此地方必須開放兼職。雖然目前正考慮全國開放，但這樣的認知是否下達到第一線，各個地方仍有差異，因此必須注意。

② 必須優先錄取有一技之長的人

擁有一技之長的人才能成為即戰力、為地方開創事業，或者為地方產業加分。地方也必須先想好需要擁有哪些技能的人。舉例來說，如果想要宣傳方面的人才，或許就需要曾當過攝影師或是會架設網站的人才。如果只是大學畢業和擁有駕照，恐怕無法成為地方的即戰力。

③ 招募方也要先有一定的事業藍圖再找人

地方的招募方也至少要有一個具體的計畫藍圖。如果地方覺得協力隊員不管做什麼都好，或者只想得到請他們幫忙人手不足的工作，一定不可能找到能夠開創新的收入來源，或是創造地方魅力的優秀人才。

④　地方振興協力隊與「地方民間指導者」必須相互管理

雖然有活用國家交付金的地方公共團體支援制度，但民間單位的存在，對於深入地方做出成果還是相當重要。地方公共團體的職員本質上不太可能支援創業，況且也不適合。所以能不能把在當地有所斬獲的民間業者介紹給協力隊員做為指導者就很重要。話說回來，這也是在考驗負責的職員是否與這類民間人士有所往來。

⑤　必須與聚落支援業務分開

因為是地方振興協力隊員，所以不能把他們當成聚落支援員看待。雖然聚落支援也很重要，但在聚落裡每天開著輕型卡車巡視高齡者並不是地方振興。因此，先思考任務與成果的內容再募集比較適當。

另一方面，來到聚落的「外地人」，也必須根據這些重點與當地人仔細討論。不能只是受到「地方的美好之處」這類膚淺的宣傳吸引，最好仔細詢問具體內容，甚至也去到當地確認。因為有些地方雖然沒有惡意，卻也沒有做好準備，如果等辭去工作才知道，錯誤的決定已無法挽回。

此外，事先與已經去到那個地方生活的人取得聯繫也很重要。現在這個時代，無論是參加地方振興協力隊還是移居定居，只要是像樣的地方，一定會有以前來到這裡並有所斬獲的人，或是已經過著美好生活型態的人。部分的人創造從都市搬到地方的趨勢已經有一段時間，所以有確實掌握到重點的地方一定存在著已移居定居的前輩。如果一個地方沒有這樣的人，就不太建議菜鳥前往。在移居之前，請先與返回或移居到地方生活的優秀前輩取得聯繫，確實建立關係，等做好準備再前往一點都不遲。

5 停止自我犧牲的地方事業

地方的創業與事業振興等雖然飽受各種期待，但如果細看其內容，很多不是仰賴政府的預算，就是以不合理的做法強迫自己犧牲。

如果有閒工夫參加事業計畫徵件比賽，還不如盡早做出試作品投入市場，這麼做不只更能瞭解實際需求，至少也能為營收帶來一點貢獻，畢竟不管徵件比賽簡報做得多優秀，也不會帶來任何收益。如果不幸拿到預算，接下來就會浪費不必要的錢展開事業，甚至可能將好不容易想出來的事業搞砸。

地方的事業振興也一樣，曾有人來找我諮詢，他們從一開始就被迫接受不合理的條件，在這樣的條件下苦苦掙扎，不知該如何是好。這時最好先停下事業，重新思考的情況並不少見。

愈是喊著「沒錢」的人，愈容易展開「花錢」的事業

在地方創業的時候，常會聽到有人抱怨「缺少最重要的銀彈」。換句話說，他們幻想著「創業就是要有錢才會成功」，覺得沒有錢就做不到。但這完全是他們想像出來的，是誤會。

雖然有些事情如果有錢就能輕易辦到，但也有一些人仗著財力雄厚，從一開始就持續不斷地花錢，想要把這些錢賺回來可不容易。

在商店街的極小閒置店面開一家只在冬天營業的窯烤番薯店，雖然投資規模比不上一家體面的餐廳，但投資的錢很快就能完全回收。如果沒有錢，那就設計沒有錢的投資規模，想出比任何人都更快將投資回收的方法即可。更重要的，是從自己目前做得到的事情開始挑戰，就算規模小也沒關係，只要能夠順利運作，日後就能從朋友或銀行之處獲得投資或融資。什麼成績都沒有的人，抱怨著「如果我有錢就能做這個做那個」，反而會讓人因為害怕而不敢投資他，也不敢借他錢。

偏偏有許多缺乏資本的人，妄想著挑戰需要設備投資的事業，譬如突然改建大樓，想要開始經營旅館，或在招攬不到客人的情況下，想要整修廚房設備，或者想要買下鎮

上需要花錢維修的歷史建築等等。

最基本的問題就出在愈是喊著「沒錢」，愈想要從「花錢」的事業開始。如果沒錢，應該選擇沒錢的戰鬥方式。

舉例來說，我在未曾經營過的地方與夥伴一起創業時，會注意以下幾個重點。

未曾挑戰過的事業，請注意四個原則

①　避免負債伴隨而來的設備投資

如果一下子就從需要大規模設備投資的事業開始，甚至不惜借錢或者向投資者調度資金，風險難免過高。就以青年旅館為例，青年旅館是大家經常提到的地方事業案例，旅宿產業受到各地矚目，許多人都投入這個市場，所以突然跳進這個領域，打造出一家不怎麼樣的旅館，旅客當然也不會買單。但如果以符合品質的低廉價格經營，投資回收期間也會拉到非常長，根本賺不到錢。在擁有設備之前，能做的事情還有很多，在全國各地的旅館愈來愈多的現在，致力於以活動為中心的事業才是更聰明的做法。

② 不要有存貨

說老實話，開發那些需要囤貨的特產品，也是毫無道理的做法。現在號稱是「從物質消費轉型成體驗消費」的時代，如果一下子就從會有庫存的企畫開始，就會壯烈犧牲。

在此之前，可以打造一個空間活用自己的專長，或者去定期舉辦的小型市集擺攤，以賣完商品為前提開始也是一個方法。但不知道為什麼，有太多業者剛開始就以一整年的事業為前提，想要囤積貨品。如果無法避免存貨，至少必須從類似試賣的方式開始。

③ 毛利率要高（八成左右）

做生意選擇「剛開始先賣便宜一點，之後再拉高價格」太沒道理。貴的東西從一開始就是貴，便宜的東西不管過多久都同樣便宜。所以從製造工程就必須提供自己獨一無二的技術，提高附加價值，做毛利率高的生意。這麼一來，即使不追求販賣數與販賣量，留在手邊的錢也能逐漸增加。

如果是普通的小生意，毛利率多半只有二到三成，但應該把力氣花在能夠確保八成毛利率的商品。不能賣那種隨處可見、缺乏原創性的東西，因為無論如何，你的販賣力都無法勝過大型連鎖店。

④ 行銷管道必須明確

行銷出乎意料地不被重視。

先確定「以什麼樣的形式對什麼樣的人行銷，每個月能夠獲得多少收入」，之後才開始投資是鐵則。但是，很多人不僅一開始做生意就先投入資金、囤積庫存、毛利率也低，而且行銷對象還模糊不清，更慘的是甚至沒有行銷對象。這種近乎蒙眼開車的案例絡繹不絕，這麼一來成功率低也是理所當然。

因為經營地方事業，就莫名其妙開始扭曲在商場上理所當然的原則，那麼做不出成果也不足為奇。如果能夠限定投資金額、不囤積貨品、確實經營可定期獲得收入的高利率事業，就能打造事業基礎，而這些都不是多困難的事情。

首先以自己的資金，從小規模、立刻就能開始的事業著手。

舉例來說，如果去到地方能夠租一塊田，以自己住在都會的親朋好友為對象，採取訂閱制的方式每月販賣產地直送作物，即使只有這樣的規模，也能確保基礎收入。

將小規模的事業慢慢培養壯大，取得一定的成果並有了信用力之後，地方的金融機構就會願意融資接下來的事業，也更容易從夥伴之處募集資金。儘管如此，卻有一些人明明在沒有留下任何實績的地方首度開展事業，就已經將規模想得相當龐大，於是他們抱怨著「金融機構都不願意貸款給我」，跑去公所申請補助金，最後只能經營仰賴補助金的事業。發生這種狀況也怨不得人。

使用了補助金之後，就會把許多原本應該用來改善商品服務、與顧客溝通的時間，浪費在做資料或寫報告等無謂的事情上，儘管會有短期的資金進來，中長期來看還是需要接下來的預算。賺到的錢比拿到的錢更重要，這個原則無論對個別事業，還是整個地方的事業都適用。

無論做什麼事情，行銷都是最重要的，首先應該考慮行銷。

然而做得到的人出乎意料地少。創辦新的事業需要「反推開發」與「行銷優先」。首先應該先行銷，在看得見顧客的狀態下展開事業。換句話說，最好能在投資之前就找好顧客。

有些人誤以為群眾募資就不需要行銷，但即使是群眾募資，剛開始也一定要實際對自己周遭的人宣傳，才能讓不認識的人也覺得「這麼多人支持，似乎很有趣」。如果自己不行銷，不可能一開始就獲得支持。

如果想開咖啡店，首先請試著在週末市集之類的場合出攤。如果能在那裡獲得常客，再開需要固定成本的實體店鋪。照著這樣的順序做，會比一下子就開店大幅降低失敗的機率。

翻修老舊建築，經營分租店鋪也是同樣的道理。

招募、選拔進駐的業者、決定租金、結束臨時和約，再根據他們的意見投資最後的裝潢。這麼做更容易從預估的租金收入擬定整體的投資回收計畫，裝潢也能比先施工再招募更符合進駐者的需求。然而實際上，還是有不少案例都是先投資，再行銷翻修完成的空間。

犧牲精神無法解決任何問題

靠著事業賺錢，進一步調整成能夠改善整個地方的事業非常重要。但如果勉強自己變成典型的犧牲者，狀況就另當別論。至今似乎還有人抱持著「只要忍耐總有一天能夠做出成果」的幻想。

如果在經濟成長的時代，就算剛開始遭遇困難，也總有一天會因為需求爆炸性增加而變得順利，但如果換成是現在的地方計畫，最初遭遇失敗的人就算繼續忍耐，也百分之九十九不可能在某一天突然成功。置身於狀況惡化的組織時也一樣。

我至今看過一些具有犧牲精神的人，他們在想辦法維持著搖搖欲墜的事業中看見美學。其中也有一些人從一開始就遇到這樣的課題：「這個一定不可能成功，而且真的有必要認真做嗎？」

他們對這樣的難題抱持著莫名的熱情。但這些難題實際上也不是靠著小聰明就能勉強過關的。有些人持續做著不合算的工作，因為疲憊而弄壞身體，或是精神出問題，這樣真的很不幸。

某個小鎮的食品加工產地直銷中心著手展開重整計畫時，就發生了這樣的事情。該中心因為經營不善，重整時決定起用民間人士。儘管營收從原本的一億日圓左右下滑到六千萬日圓，依然要求錄用的人「以每年百分之十的目標改善營收」。

但組織不出所料熱衷於申請補助金，完全不考慮努力行銷。高層不管做什麼都只會說「因為沒有經費，只能找公所幫忙出」。在這裡工作的人也都是領著年金的老婆婆，她們只是閒暇之餘來兼職，當然不會勉強自己。

在這種情況下，就算錄用一名民間人士，也不會有任何改變。在人口減少、競爭激烈的環境中，沒有動力賺錢的高層與沒有動力工作的員工依然故我，每年改善百分之十的營收根本是天方夜譚。

我雖然懂那種既然置身於那樣的立場，就會試圖想方設法改善狀況的心情，但把人生寶貴的時間，用在為無親無故又不是真心想改善現狀的組織奮鬥，實在太過悲慘。

如果想為這個地方做點什麼，與其成為這個組織的犧牲者，還不如成立其他組織，經營能夠確實獲利的事業，讓他們看到你成功的樣子，或許對他們還更有幫助。

為了避免將維持組織當成目的，成為「制度」的犧牲者，應該全力避免看起來不可能成功的事情，並把力氣用在無論如何都要做出成果上。

由此可知，地方在招募外地人前來時，也必須做好相對應的準備。而來到地方的外地人，儘管心懷貢獻地方的抱負，發現沒辦法的時候也必須果斷收手。如果仰賴幻想，不管是地方的準備，還是前來的人的事先調查都馬虎行事，終將演變成對雙方都遺憾的結果。擺脫幻想，好好面對現實，建立外地人與地方之間的良好關係非常重要。

第五章　擺脫社區營造的幻想！

正是「社區營造的幻想」在地方造成錯誤。本書提到的這些幻想，很多是「以前的過時常識」、「原本就不正確的傳聞」，以及「希望實現的願望」。人在承受壓力的狀態下，譬如想要迴避某種責任，或是思考突破艱困狀況的劇本時，難免會想要依靠幻想。但這些幻想在現今的時代全部都不是現實。現實與幻想的落差導致計畫失敗，使人被迫離開地方，而地方讓自己陷入更艱困的狀況。

在地方執行計畫時，清楚分辨現實與幻想非常重要。只要掌握這點，就能做出正確的判斷，匯聚人才、資源與經費，事業也能開始向前邁進。

「社區營造的幻想」總是存在於我們心裡

「社區營造的幻想」總是存在我們心裡，不是誰帶給我們的。就算把責任推給別人也無法解決問題，所以我們需要捫心自問：「我們分享的常識與理解、傳聞與一廂情願的想法到底是不是幻想？」如果缺乏這種根本的檢討，只靠小聰明與方法論沒有辦法帶來任何改變。

許多地方不願意溝通，總覺得「說這些會讓我們血本無歸」，堅持推動過去的計畫。不想負責的決策者，或是聽由大家意見的個人組成的團體，既不願意承認錯誤也無法撤退，即使失敗也拖拖拉拉持續下去。他們幻想著只要拖著不處理，總會有人幫忙解決問題。

但即使不對的事情也繼續進行，將導致錯誤的理解蔓延，使大家以為「反正就是這麼一回事」，逐漸演變成無法收手或停止的狀況。本書提過的作假帳的夕張市就是其典型，如果揭穿這點不僅會使自己失去立場，前輩們或許也會被究責，於是陷入了整個組織都互相包庇的狀況。最後就像暴衝的特快列車一樣奔向破產，而代價就由現在的世代來支付。

我懂那種相信有利自己的資訊、不想被任何人討厭的心情，但孩子和孫子將因此失去未來。這時該如何行動，端看我們自己。

走在前面的地方，看的不是「過去的幻想」而是「未來的夢想」

「走在前面的地方」與「不是這樣的地方」有著壓倒性的差距，只要聽他們說話立刻就能知道。

如果去到拖著幻想又停滯不前的地方，很快就會發現，因為他們總是在提當年的榮景。以前因為有渡船，這裡因為眾多旅客而繁榮；明治維新之後，這裡作為工業化的中心而繁榮；自己從沒有汽車的時代就住在附近，生意也很興隆等等。怎麼講都是過去的事情，有些人甚至還會追溯到古墳、舊石器時代……

至於走在前面的地方，當地人說的幾乎都是「未來的事情」。

他們想像自己未來的樣貌，為了實現這樣的未來正在做些什麼。談論過去或問題很簡單，但如果不是平常就已經習慣的人，很難談論未來的夢想。除非有自己主體性的思考，而且有明確的動機，否則無法將夢想傳達出去。他們會為了想辦法實現夢想而創造機會，換句話說，他們談論夢想是為了創造適當的協助者。

他們已經展開行動，各自拿出一點錢形成一個小團隊。行政單位當中，也有理解與提供幫助的人，並採取具體的行動。如果是這樣的地區，即使是無親無故的人，也會產生「想要一起做點什麼」的動力。

於是那些仍被困在幻想裡，只會指出問題與提出抱怨的地方，募集不到人才、資源與資金；而果斷拋開幻想、面對現實，朝著未來採取行動的地方，人才、資源與資金就會聚集過來。

我在二〇二〇年秋天造訪兵庫縣龍野市龍野區，那裡是個非常有趣的地方。龍野市不僅是白醬油的發祥地、麵線的產地，皮革產業也很有名。這裡保留了許多名士建造的大型木造歷史建築，近年來也被指定為重要傳統建築物群保存地區。

如果僅止於此，龍野市很容易淪為全國各地隨處可見的，只會吹噓當年勇的小鎮。但他們卻沒有陷入這樣的境地，這座小鎮啟動整個區域的投資，譬如以自己出資的公司買下閒置的歷史建築重新整修，賣給新的屋主等，這五年來已經擁有約二十件以上的歷史建築再生實績。若包含其他合夥公司的整修案件，以地方的變化而言相當高規格。

疫情較為平靜的時期，當地舉辦以戶外為主的活動「小鎮散步學習會」，雖然正值平常上班日，依然有許多人從全國各地前來參加。帶隊的是在民間出資的社區營造公司「綠葉社」擔任負責人的畑本康介，他的高超說明一下子就挑起參加者的興趣。此外，關於今後該如何發展、瓶頸是什麼、是否可以做更多事等討論也變得非常充實。我也完全迷上他的魅力，答應將協助當地的事業。

緬懷過去無法改變地方。

地方該探討的是現在，以及未來。

大家現在讚不絕口的地方，也是因為在幾年前、幾十年前有擘劃夢想又勇於挑戰的人，才得以實現。只有勾勒地方的未來，想著現在該做什麼並採取行動的地方，才能不斷往前邁進。

「個體」每天的選擇，創造城鎮的未來

地方的未來，最後是由「個體」的行動累積而成。

本書所指出的這些幻想問題，也是源自於逃避責任、不思進取等個體的問題。而群體的問題，同樣來自不想被怨恨、不容許異於他人等個體意識的累積所

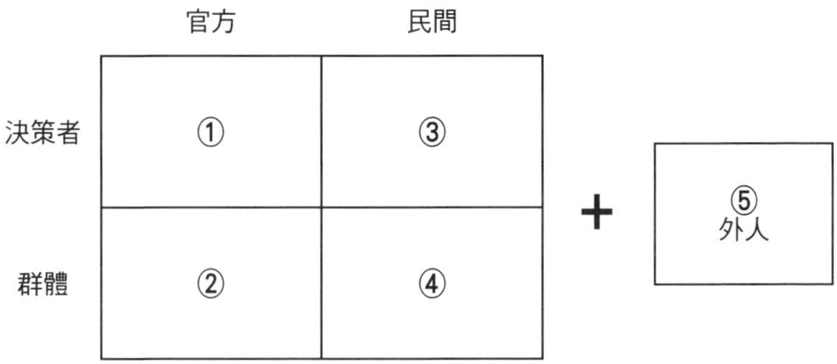

形成壓力。這不是誰的錯，我們每一個人的意識，形成了整體的行動。

被囚禁於幻想的是個體，打破幻想的也是個體。

因此本章作為最終章，將依照前面整理的幻想，與打破這些幻想的地方的內容，根據本書開頭提出的五種屬性，解釋我們身為「個體」能做的事情。

擺脫幻想的「十二個行動」

關於地方幻想的要素實在太多了，因此分成五種屬性討論。屬性分成行政單位的決策者、其隸屬的群體、地方民間單位的決策者、企業與地緣組織等各種群體，此外地方也存在著「外地人」。

我想各位讀者也屬於其中一種，或是其中幾種屬性。接下來將介紹在各個情境中擺脫幻想、避免身陷其中所必須採取的行動。

1 官方×決策者在「公所」該做的事情，以及在「地方」該做的事情

行動1　職員培訓比外包更重要

行政單位在擺脫地方的幻想時，扮演了重要的角色。因為地方公共團體不只負責分配行政預算，也擁有接受過基礎教育的龐大人力資源。如果在地方內能夠將適當的人才安排在適當的位置，各式各樣的課題也都能解決，但現狀卻是先有預算與事業，才想辦法激發人才的動力、提升人才的技能，而缺乏有計畫的研習。倘若只是把從計畫到事業執行的所有步驟都外包出去，案子當然不可能成功。除非擺脫「只要有預算、委託知名的外地人就萬事大吉」的幻想，否則不會做出成果。

為了避免組織遭幻想侵襲，行政單位必須盡可能找回親自動手做的精神，先管理委託事業等的預算，再轉換成投資人才。同時，絕對必須親自擬定綜合計畫等必要的基本計畫。要是交給東京的外部顧問，製作到處都大同小異的計畫案，並不足以勾勒地方的未來。必須讓年輕職員累積必要的知識與經驗，寫出自己的計畫。

行動2　也必須投資地方教育

不只行政單位內部，對於地方而言，教育也是非常重要的投資。

目前日本公共教育投資的問題本質在於扭曲的結構，因為現在日本人均公共教育支出在OECD[12]中敬陪末座，但實際的教育支出卻高於OECD的平均。換句話說，每個人的教育費靠的不是公共支出，而是靠家庭所得或個人學貸等彌補不足的部分。

勞動世代除了負擔高齡者的社會保險，同時也必須投資下一個世代的孩子，當他們撐不下去的時候，或許就會導致日本的人均教育支出低於平均。這麼一來，日本就沒有未來了。

即使放眼世界，豐富的教育資源也是家庭選擇居住地區的重要動機。

美國紐澤西州威斯菲爾德中心部的再生，也是先從地方公立學校開始。這原本是個市鎮的商業再生計畫，但因為周邊適合家庭居住的住宅都是空屋，於是當地就想出一套先讓這裡變成教育品質優良的地區，吸引以教育為目的的人在此居住，再讓消費回到商

12　編注：Organisation for Economic Cooperation and Development，經濟合作暨發展組織。

業區的再生劇本。當地積極投資包含補修等在內的教育課程改革，並且大獲成功，而當地公立學校的教育達到州內的最高水準，人群也回流到家庭住宅。不僅如此，商店街進駐的店家也換了一批，這些新進駐的店家著手整修店面，因此也達成商業再生的目的。

現在也有線上教育的選項。學校法人角川DWANGO學園經營的線上高中「N高」，擁有能夠線上學習的獨自課程，成立四年後學生人數成長到一點五萬人。光是北海道就有數百名學生就讀，看到這樣的成果，讓人感受到拓產地方教育選項的必要性。我也協助N高的地方合作課程，N高的學生也非常關心地方的活性化。

更重要的是，確保最低限度的教育，對於在整個地方以民主的方式進行健全的決策不可或缺。不只行政單位，為了讓議會發揮正常的功能，如果不提升包含在地方有公民權者在內的教育水準，當地人就很難自己思考地方的問題。為了打造健全的議會與機動的行政機構，投資地方教育非常重要。為什麼過去日本各地的藩都要創辦藩校，推行各個地方獨自的教育呢？長岡藩米百俵[13]的故事現在依然備受推崇嗎？我想地方公共團體不依靠國家，追求自己的教育投資的時代已經來臨。

行動3　公所也不能只是領取補助，必須創造獲利模式與全新目的

「公所不應該營利」也是幻想。

正因為是決策者，這時候才更應該作為經營者覺醒，賺取必要的資金，持續進行公共投資。

賺錢終究只是手段。

根據國土交通省的調查，日本的不動產當中，四百七十兆日圓由民間持有，五百七十兆日圓則是由國家與地方公共團體持有的公共不動產。其中，地方公共團體持有的公共不動產高達四百二十兆日圓。

過去這些龐大的不動產只靠稅金維持。因此就算只試圖將其中一部分拿來運用，也會改變地方的狀態。地方公共團體的決策層，更應該從購買消耗經費物品的「窮爸爸」思維，轉換成投資獲利資產的「富爸爸」思維。

而這些賺來的資金，必須用於地方所需的獨自公共教育支出，或是做為低收入家庭

13　譯注：戊辰戰爭中戰敗的長岡藩，在百廢待興之時收到百俵白米作為慰問，但那些白米並沒有被分給藩中武士，而是做為創辦學校的資金。

補助等公共支援的政策預算。

雖然速度緩慢，但促進活用公共不動產的對策，在日本地方都市的中心部分也逐漸有所進展。譬如活用公園內部空間、開設咖啡廳或商店，藉此籌措公園維持管理費的行動也逐漸普及。

但賺錢終究只是「手段」。然而近年來，部分注意到這種賺錢方法的地方公共團體決策層，有時只對「比民間企業經營者更會賺」這點過度嚮往，缺乏「應該為地方的哪個公共投資賺錢」的目的性。

擺脫公所不應該營利的幻想之後，接著又走向只把目標擺在賺錢的另一個極端，而這又是另外一個幻想。

如果只把眼光擺在行政單位的收入，難得地點絕佳的公園，也可能因為租金高昂、有實績等理由，只招攬隨處可見的連鎖咖啡店進駐就了事。考量到地方的整體經營，如果不利用公園這個地點培育地方資本的店家，最後或許會變得和只是透過地方消費把錢送進連鎖店總公司的道路沿線開發沒什麼兩樣。活用官方的不動產，必須擁有宏觀的地方經營視角。

話說回來，賺錢以維持公共服務的形式，早已從明治時代就存在於日本。最具代表性的案例是日比谷公園，西洋的「公園」在當時是個不明所以的概念，人們甚至爭論著是否該動用納稅錢建造，因此根本爭取不到像樣的預算。於是日比谷公園為了賺錢，招攬松本樓等餐飲店進駐，後來也有靠著捐款建造的公會堂與野外音樂堂。不只日比谷公園，其他公園也提供船隻等交通工具租借服務，據說原本也是為了賺取公園的經費。

建立公所賺錢以維持必要公共服務的機制，原本也不是什麼特別新潮的作法。某種程度上也可說是因為戰後的富裕而退化的能力吧？行政單位的決策層，擺脫這種在戰後某段時期形成的幻想，採取邁向未來的行動的時代已經到來。

2 官方×組織群體「擁有自己的面孔，帶進組織的工作」

我因為工作的關係，見過許多地方自治團體的職員。公務員往往覺得我傳遞的訊息很嚴厲，但不是這樣的，我是熱情地與真心挑戰的公務員討論。都市經營專家學院也有許多積極的地方公共團體職員前來就讀，看到他們畢業之後主動挑戰並有所斬獲，深刻感覺到即使置身於組織當中，也能充分一展長才的時代已經到來。

有些人為了改變和協助地方而成為公務員，卻因為在公所什麼也做不了而放棄，其實在放棄之前，還有許多能做的事情。

行動4　走出公所，擁有自己的面孔

公務員能否實現企畫、做出各種成果，決定性的關鍵就在於手上的外部資源。當然，在組織內部獲得信任、具備關於行政組織制度等知識是基本，但在日後想要實現什麼計畫時，如果缺乏地方各界人士的協助，即使擁有預算，也不可能有所斬獲。

同時，近年來預算也有限，如果不在地方內外確實擁有一群只要自己開口就願意協助的夥伴，就很難有什麼大動作。

就像前面所說的，在工作上「和誰一起做」遠比「做什麼」更重要，畢竟很多人都重視合作的對象。換句話說，不管計畫再怎麼縝密，只要不是組織內外都公認值得信賴的人物，就無法推動。能否拋棄「公務員的工作在公所這個職場內就完結」的幻想，將會帶來很大的差異。

工作在公所內就完結的公務員，沒有自費在當地或其他地方建立人際關係，就無法親身體會地方的樣貌。他們每天只來回自家與公所，並未到外面的世界，所以也不認識地方的熱門店家，以及這些店家的經營者。倘若生活只有職場，也不會瞭解這些資訊。

結果往來的對象都是來接政府預算的標案，想要藉此賺錢的民間業者，老實說程度都不怎麼樣。如果離開地方，不小心與那些只想接案的民間業者往來，也會擔心被組織懷疑與業者勾結，於是更加不敢走出去，陷入惡性循環。這麼一來，再怎麼找都是那些覬覦政府預算的惡質民間業者，機動力就會一口氣下滑。

無論撥給地方活性化事業多少預算，如果經費都流向完結內向型的公務員，以及不太妙的民間人士，事業終究會失敗。這些內向型的公務員也會感嘆「我們這裡都沒有優秀的民間業者」。其實不是沒有，只是他們不知道而已。

那麼，能夠靠著優秀的計畫做出成果的人，都付出什麼樣的努力呢？他們會自己找時間去鎮上看看，如果有學習的機會也會自費學習。這麼一來，他們也能逐漸認識更多外面的人。真心想要做些什麼的人將逐漸破除官民的藩籬，開始擁有自己身為一個人的「面孔」。

於是他們將逐漸累積無形的資產，企劃的時候也會有人跑來說「如果是你想做的事情，我願意幫忙」。如此一來，計畫的優秀程度，也會變得與只靠著預算吸引廠商截然不同。大家都看著這個人平日累積的面子行動，就某種意義而言是無價的世界。

為了擺脫工作只在公所就完結的幻想，採取行動非常重要。請至少改變一件你原本以為是理所當然的事情吧！

首先請改變早上起床從自家出發的時間，同時也改變前往公所的道路；下班的時候，請試著繞去任何一個地方；試著毫無目的地去和陌生城鎮的人打招呼。只要嘗試一年，與什麼都不做的差距就會愈來愈大。

都市經營專家學院的畢業生當中，也有人回到地方，先親自在當地舉辦的市集中擺攤。他們幫助販賣地方農作物，將收入捐給地方福利設施或ＮＰＯ法人。小生意是事業的基礎，能夠對金流瞭若指掌，是個非常好的經驗。其中也有人為公所帶來新的財源，譬如活用地方行政單位擁有的閒置公共不動產，自己舉辦週末市集或夏日夜市，吸引更多的人參與，為地方創造經濟循環。

請擺脫工作只在公所內的幻想，去到鎮上看看吧！

行動5　將外部的力量應用在公所內部的工作

然而，身為行政單位的一員，只活躍於外部是不夠的，重要的依然還是透過只有公所能做的事情貢獻地方。

微小的努力不能疏忽，擁有個人的面孔也很重要，但這些個人的行動終究只是手段，關鍵仍在於能把多少個人的行動應用在公所內部的工作上。有些人不知不覺就把手段變成目的，這點必須小心。如果組織內部的工作沒有確實完成，只是因為開心而到外面空熱鬧一場，那麼不要說組織內部了，總有一天會連外部人的信賴也失去。如果變成這樣就太可惜了。

當然，公所必然會有人事異動，也有不少人在正準備著手開始的時候，就被調到其他部門。不過，事情就看你怎麼想，遇到人事異動時，只要俯瞰整個局面，思考在新的部門能夠規劃的內容即可。

我認識某位地方公共團體的職員，他高度關注地方的藝術文化，平常會帶著第二張名片，以志工的身分展開串聯地方藝廊的企畫，或是運用宣傳經驗幫助地方內的藝術活動發布新聞稿，這些企畫在地方內部也逐漸獲得高度評價。而他也確實執行組織內部的工作，就在他兩項工作同時並進時，被調到地方公共團體內的文化藝術相關財團，原本以私人身分從事的工作在本業中發揮重大作用的時機終於到來。他所做的一切，想必都被關注的人看在眼裡。

像這種不仰賴幻想得過且過、建立組織內外的人際網路、面對適當的時機主動採取行動的人，也陸續出現在公務員當中。

而這些積極挑戰的公務員，面對的敵人其實是得過且過的公務員。身邊的人最是可怕。如果努力經營，就會出現莫名其妙的閒言閒語，譬如「那傢伙跟民間人士之間有不可告人的關係」，或是被上司警告「你也該適可而止」的情況也不少。遇到這樣的事情很可能讓人灰心喪志，想要躲回「公務員的工作最好在公所內就完結」的幻想。

然而，現在的時代，公所已經不能再像過去那樣運作了。近年來各地開始出現優秀的首長，公務員也站到主動興起變化這方。這些公務員在全國串聯，持續蓬勃的挑戰。一個地方有沒有積極的高層與許多富含挑戰心的公務員，在疫情對策方面也會產生極大的差異吧？

3 民間×決策者「自己破除框架的勇氣」與「創造兼容並蓄的工作」

地方的民間單位主要可分成兩大類，分別是地緣組織等團體，與挑起地方內經濟重擔的企業。

因為群體壓力而共有非常偏頗的價值觀，並且排斥新的事物，將導致一個地方逐漸衰退，這也是自古以來就不斷發生的現象。即使地方內的「大家」共同決定，也不是整個社會的「大家」，大肆宣揚小團體的正義，將導致其他地方的人不再靠近。

「整個地方應該團結一致，同心協力一起努力」的口號，乍看之下是個美德，但這樣的美德是幻想。本書已經說明過了，群體的決策有時會犯下重大錯誤，陷入團體迷思，同時也有強烈排除異己的傾向。

行動6　如果在現有的組織不可能做到，那就成立新的組織

打破這個現狀的方法，就在於如何有意識地納入異己分子。

至於地方對策方面，講求的也是能否建立有效納入外部人才的機制，而非總是同一批高不可攀的人。

現在因為網路發達，即使育兒世代也能在自家參加會議，即使是地方的會議，邀請外地人加入也變得很容易。

話雖如此，仍有很多人表示，在傳統組織內說這種話將招致強烈反彈。日本是超高齡社會，現在即使在各地方組織做到會長等級，有時在地方也還很年輕。六十多歲的會長之上，歷代會長都還健在，他們堅決主張「只要我還活著，就不允許你隨便亂來」，使得會長必須看歷代會長的臉色做事，這種哭笑不得的狀況發生也不足為奇。因為有著必須全員一致的幻想，導致任何事物都無法決定和行動，也有人因此而等不下去。

愛知縣春日井市勝川有一條商店街，在七年前的調查中，得到接下來十年將有九成店家會歇業的回答，於是包含高齡世代在內的決策者決定自己出資、以自己的信用融資貸款，成立另外的公司組織，自己推動計畫。

身為外地人的我也參與籌劃，而當地年輕人經營的建築事務所與工班也提供協助，吸引餐飲店、補習班、共享辦公室、健身房等廣泛的業者進駐。這六年來，這個地區已經開了約二十家新的店。

來此開店的女性經營者特別多，開始為這個地方從以前就存在的結構問題帶來改變。有信用的高齡者出錢投資，以年輕人與女性為中心展開行動，開創地方的變化。

如果整個組織在地緣組織必須取得全員理解才能行動的前提下，完全動彈不得，那麼即使是現在的決策者，為了採取行動而成立其他組織也是一個方法。有立場的人與其抱怨現有的組織，不如採取做得到的行動，這麼做遠比被幻想拖住腳步什麼也不做，更能貢獻地方的未來。

行動7　地方企業的高層不要逃跑，創造地方的未來吧！

大家聽到人口減少，往往會聯想到內需萎縮，未來將一片黑暗。但實際上，人口不會突然變成零，地方經濟與內需儘管趨向負成長，依然維持著一定的規模。如果把眼光轉向出口型的農漁業，發展成歐洲地方都市那種，以地方的資源為基礎，從其他地方甚至海外的市場賺取收入，靠著少數人口實現高附加價值的模式也是有可能的，因此人口減少絕對不代表絕望。

換句話說，「人口如果減少，地方經濟就會完蛋」是一種幻想。用「國破山河在」來形容或許有點誇張，但即使地方公共團體的經營衰敗，地方的山川、田園、海洋依然健在，邁向未來的可能性也並非全然消失。這當中還有介入的餘地，也仍舊能夠勾勒出成長戰略。

地方的決策者當中，也有愈來愈多人受到極端悲觀的預測，以及「振興地方與民間無關，是行政單位的工作」等幻想支配，陸續賣掉自己的資產，轉為投資東京等都市的不動產。地方的資產家不投資當地，反而拋售資產投資外地，這麼做對個人而言或許是加分，但將導致地方衰退到更加萬劫不復的境地吧？這樣的行為與過去的大地主投資地方，為居民提供近乎社會保障的協助相比截然不同。當然，就個人的判斷來看，這麼做是正確的，也沒什麼不好，但積極向上的未來只有民間能夠承擔，如果連民間的決策者都放棄，狀況將會相當嚴峻。

但另一方面，也有積極不斷投資地方的經營者。其中之一是新潟上越市的地方綜合企業大島集團，該集團在二〇二二年迎來創業一百週年，旗下共有二十三家公司，員工人數達到一千五百名，營收約有一百億日圓，經營的行業相當多元，橫跨地方報社、有線電視、補習班、旅行社、藥局、酒藏、老店料亭等等。其中也有許多是原本經營不下去的公司，大島集團將其納入旗下，幫助其再生。集團的經營貫徹各公司獨立採算的原則，在地方擁有這樣的綜合企業，對於地方的經營而言也很重要。

因為有這樣的企業，當地人日常生活的基礎受到保護，也為返鄉發展者創造就業機會，不禁讓人覺得，地方的基盤果然還是要有這些民間企業的存在。透過事業帶來貢獻，就是地方民間企業經營者才辦得到的地方活性化。

就如同本書的說明，在地方積極推動人才錄用的企業，會透過重新檢視職種與業務內容、整修有魅力的公司宿舍、充實員工福利、允許自由從事副業等，與來自都市的雇用接軌。擺脫壓榨年輕人與女性的觀念，並打造充滿魅力、讓人想要工作的職場，將帶動地方的成長。

畢竟只靠地方公共團體促進移居、定居的政策，不可能讓經營者不放棄地方的未來，必須創造現在年輕人想要從事的工作，或是改變職場環境。很多事情依然只有身為地方民間決策者的經營者才辦得到。

4 民間×群體「地方消費與投資，小小的一步就能改變地方」

隸屬於民間各種組織與企業的人，其實是地方最主要的成員，這群人如何行動，對地方而言非常重要。如果這群人甘於承受群體壓力，用得過且過的心態做事情，那麼地方的議會也會變得馬虎，很難採取積極的行動。就像前面所說的，即使在行政組織內有積極行動的公務員，地方民間人士的幫助依然非常重要。政治行政也因地方而異。

地方的特色事業靠著橫跨官民的往來建立，因此民間積極鞭策行政單位，反而應該是恰到好處的行為。民間指的不只是決策者，平常在地方生活，跑遍第一線，形成群體的「個體」，也是能夠期待的一群人。

但如果抱持著「自己不站在這樣的立場，所以沒有能做的事情，低調安靜才是上策」的幻想，將會在不知不覺間創造出一個自己難以居住的地方。

行動8　徹底做到在地消費與投資在地

即使只是依循在地消費的原則，去到附近地方資本的店家，像平常一樣買東西，在地方內流動的資金也會變得不同。

根據美國某個中小企業調查，如果在連鎖店消費，落入地方的資金只有營收的二至四成。但另一方面，在地方的店鋪消費，卻有五到七成的資金能夠落入地方。此外，就如同在地方經濟循環結構所解說的，在地方內擁有地方資本的人共同拿出資金，對地方的事業進行投融資，是非常重要的行動。

以大阪府阿倍野南區等為中心的地區，展開了「BUY LOCAL」的行動。在當地開店的人彼此串聯，在地方生活的人彼此介紹當地的店家，並策畫由當地店家擺攤的市集BUY LOCAL MARKET。這個市集的有趣之處在於，除了顧客到店家消費之外，店家之間也會彼此捧場。經營店鋪難免忙碌，因此平常沒有機會去彼此的店鋪光臨，只有在活動的時候能夠購買其他店家的商品或品嘗他們的餐點，因此這個活動也加深了店家彼此之間的關係。

而逐漸升級的BUY LOCAL店家地圖，必須實際光臨店家才能取得。正因為是網路時代的全盛期，這個只有在地人才能體驗在地的巧思相當亮眼。這些措施擴大了地方的消費，也強化了地方內的經濟。

可惜的是，只是把錢存進地方的金融機構，現在的利率也幾乎是零，獲得資本所得實質上是不可能的。將手上的部份資金投資地方需要有意識的行動。現在有群眾募資，投資型、融資型的群眾募資也急速成長。投資、融資地方內全新挑戰的機會，也比以前更加容易取得。

利用消費與投資行動貢獻地方的機會相當多元，即使金額不大，累積起來依然相當可觀，如果再加上複利效果，將會逐漸成為一筆不容小覷的金額。

行動9　一位居民主動發起行動就會改變地方

不是只有進行大型開發案的時候城鎮才會發生變化，改變有時也從建立一個小據點開始。「就算採取微小的行動也不會有任何改變」是幻想。

在千葉縣流山市經營社區營造據點 machimin 的手塚純子，原本在瑞可利工作，是人資方面的專家，她因為生孩子而搬到流山居住，並在這個過程中發現了地方存在的問題。於是她租用鎮上的閒置空間建立據點，把這裡當成讓鎮上的人大顯身手的場合，集結地方內各種人才的力量。她用行動告訴我們，不是因為需要帶孩子所以做不到，而是正因為在帶孩子，才能提供地方缺乏的事物。

她從打造一個能夠聚集眾人的場所開始。她在流山曾經繁榮的區域租用了一個變成閒置倉庫的空間，與朋友一起自己動手改裝。她們發展「本味醂研究所」，開發活用知名味醂的食譜，於是當地的味醂廠商也開始提供協助。換句話說，她們不是因為得到協助才開始，而是先開始才獲得支援。她們在著手之前並沒有想太多，而是以靈活的行動創造出下一步。

無論是消費、投資、還是自己開始的企畫，都不需要是大規模的事業。只要累積微小的行動，就能為地方帶來極大的變化。積少成多，只要不藐視微小的一步，一位居民也能帶給城鎮相當大的影響。

5 外地人運用地方缺乏的優勢與技巧，共同承擔地方的風險

從外地參與地方事務時，也經常被各種幻想所迷惑而導致失敗。另一方面，正因為外地人在地方沒有緊密的人際關係包袱，所以也存在著他們才能扮演的角色，無論好壞。倘若沒有展現出這樣的特徵，以外地人的身分參與地方事務的意義就少了一半。外地人必須與地方的幻想理論劃清界線，有意識地採納挑戰所需的必要條件。

行動10　共同承擔風險，正因為不是當地人才能踩穩那個立場

首先身為一個外地人，必須在一定程度上與當地人共同承擔地方計畫的風險。本書也提過，外地人最糟糕的模式就是依賴地方預算，繳交計畫收取報酬，不承擔任何風險就消失，譬如那些惡質顧問。雖然計畫基本上以地方內的資本執行，但計畫也可能失敗，身為外地人也共同承擔失敗的風險是基本的道理。

此外關於金錢，無論成功失敗都會引起糾紛，外地人更是需要先說清楚。對金錢態

度隨便的人，無論說出來的話多有氣勢，都不會得到信任。

再者，有些立場正因為不是當地人才能踩穩，換句話說就是有時候也需要扮黑臉。地方內因為群體壓力與階級結構，難免會遇到大家有話想說卻說不出口的狀況，這時候最有立場說話的就是外地人。如果平常就共同承擔風險，進行正派交易，就有立場可以說「我不是當地人都投資下去，跟你們一起努力了。身為當地人什麼都不做，難道不覺得羞愧嗎？」

有這樣的緊張感，就能夠有效防止決策受到幻想影響而變得亂七八糟。偶爾扮黑臉也是外地人的任務，重要的不是在膚淺的往來中受到喜愛，而是透過平常的行動累積信任感，堅持到計畫做出成果。

行動11　擁有不受場所限制的一技之長

不只地方振興協力隊，擁有一定的專業角色對外地人相當重要。參與地方事務時能夠做什麼呢？如果沒有具體的技能，具備一定程度的提案力，就只能直接承攬地方現有的工作。

在北海道余市町經營餐廳與義式冰淇淋店，同時栽培釀酒用葡萄的相馬慎吾，也從外地搬來余市大顯身手，而他原本從事的是餐飲業。他當初剛搬來的時候是餐廳員工，後來感受到這個地方的可能性，買下前任老闆的店面與農地，挑戰自己當老闆。

我也在有緣造訪余市町時見到相馬先生，聽他談論各種夢想。余市現在聚集了許多評價非常高的酒莊，正逐漸成長。相馬先生在二〇二一年使用田裡生產的葡萄，與當地知名酒莊合作，一起推動釀造和販賣原創品牌葡萄酒的企畫。

「一技之長」不只是高度的技術，也是參與地方的「鉤引點」。如果沒有這份技術，就無法明確知道自己「能做什麼」，這麼一來就會被迫接下在地方沒有人願意接的工作。地方如果將這種生產性低的工作推給年輕人就會衰退，即使把其中一名被害者變成外地人也完全沒有意義。為了避免成為「年輕人做這種事情理所當然」的幻想犧牲者，必須先讓自己擁有任何一種獨一無二的一技之長。大家必須記住，重要的是必須自己先採取行動。

接下來只要有發揮所長的覺悟，就能去到地方成為像相馬先生那樣的挑戰者，為地方創造變化。

行動12 優先參與有先驅者的地方

曾有人問我，該從什麼樣的地方開始參與才好呢？我也考慮移居，哪裡比較適合呢？我想，身為一名外地人有兩個原則：第一，不要一下子就移居；第二，優先選擇有先驅者的地方。

首先人與地方之間有速配程度。

本書指出的決策層，或是構成組織與地方的群體，都有各自的色彩，但他們是否變得依賴幻想，差異則相當大。如果不實際參與看看，不會知道能不能發揮自己的技能，當然連能不能遇到個性合拍的人都不得而知。如果在這些都搞不清楚的情況下，就辭去現在的工作投入地方，到時就會陷入進退兩難的境地。不僅失去自由，也經常連自己來到這個地方的目的都迷失。

此外，地方也有接受外地人的態勢與準備，因此至少要與先去到當地的返鄉者或移居者取得聯繫。這麼一來，就能知道當地的運作方式，也會看清楚自己能否帶來幫助。

進入地方之後，請珍惜一起工作的當地人的信用，不管旁人說些什麼都不要在意。你本來就不是當地人，別人因此而說些閒言閒語也是常有的事情，但這些都會隨著時間經過而改變。我在日本各地都有往來十年、十五年之久的地方與朋友，信賴還是需要隨著時間累積。這些成果都不是一蹴可幾，我想只要有耐心地慢慢累積即可。

改變地方總是「百人的共識，比不上一人的覺悟」

我總是覺得，想要擺脫社區營造的幻想，「百人的共識比不上一人的覺悟」。

地方的人總是看別人臉色，以整體的共識為優先，才會制定出沒有任何一個人具備主體性的計畫，這也要歸因於本書提過的「只要大家一起決定就不會有問題」的幻想。

做出這樣的決定，對於官民雙方各階層的人來說也是壓力，想要盡可能迴避是人之常情。但本書介紹的各項計畫，都是因為某個人下定決心採取行動，擺脫過去的幻想，往前跨出一步，才能得到成果。遵守地方的常識，在既定和諧中做事情或許很輕鬆，但地方正面臨存亡危機，解決事情如果只看向內部不會擁有未來。

想要有效發展地方事業有許多技巧，譬如反推開發、調度民間資金的方法等，但知道這些技巧卻不執行也沒有意義。世界上雖然有許多方法論，但如果在這些方法論與組織過去的決策或方法論不符合時就將其曲解，那就完全無法發揮效果。本書之所以將焦點放在「觀念」，認為觀念比方法論更重要，就是因為我認為觀念中才存在著本質。只要觀念正確，就算沒有任何人教，也會自己找到適當的方法。

這是一件不可思議的事情，只要將在地方奮鬥的人集合起來，就會發現他們發起的行動大致相同，遇到的問題也充滿了共通點。換句話說，不管在哪個地方都大同小異，遭遇的困難也類似，而他們即使在如此辛苦的情況下，也都不會做出逃避責任的決策、不會輕易迎合群體。這時需要的是以柔克剛的精神，不是只要大吵一架就好。這時爭的不是個人的人格，一旦討論「地方的未來」，不管是誰都不會放話說「我想把這個地方弄得亂七八糟」或「不管這裡變成什麼樣子我都無所謂」。

只要確認更高層次的共同目標，即使攀登那座高山的方式有所差異，也只要沿著各自的路線爬上去即可。如果能夠尊重一個人的覺悟，就能沿著各自的路線登上山頭。雖然不知道第一個抵達終點的是誰，說不定最後連終點都到不了。但總比光討論著要走哪條路卻不行動的人要好得多，機會也必定存在。

唯一能做的只有打破社造幻想這道牆，克服不安與糾葛。最後要問的是，自己想要怎麼做？能否懷著堅定的覺悟採取行動？

後記

政府在二〇二〇年結束，剛邁入二〇二一年時，再度發布緊急事態宣言，被新冠病毒擺布的時代依然持續。疫情告訴我們，即使各式各樣的資訊充斥，先停下來以自己的方式調查和思考，依然是一件重要的事情。

這點在地方再生也很常受到重視。譬如有些巨大開發設施被大家吹捧為成功案例，但只要去看經營的公司、各進駐公司的財報狀況，就會發現資金根本沒有流動。即使金流是負的、P／L也呈現虧損，只要符合政策的脈絡，就會被視為「成功」。

換句話說，只要調查財務報表應該就會發現的事情，卻因為大家被「緊密都市」之類的表面概念影響，而經常不去看最能呈現真實內情的財報。不只地方的人，那些在霞關中央政府工作的人也一樣。

本書最後變成一本介紹「思考的規範」的書，和我過去所寫的書籍有所不同，但我想說的事情、想表達的內容自始至終都沒有改變，只不過之前的書籍是根據我自己的經驗整理事業的重點、聚焦在政策上的問題，然而無論我說明多少方法，也經常有許多事情讓人覺得「沒必要」，這麼一來就和無用的工具沒什麼兩樣。

因此我在本書根據三個重點將我想傳達的事情寫下來。

首先我想跟大家分享拓展領域的重要性，讓大家理解「必須考慮到這種程度」。同時，重要的事情通常是麻煩的事情，因此愈麻煩的事情愈重要。此外，首先從個人或小型團隊開始，快速做出成果固然重要，但如果想要走得更遠，就需要有更多夥伴。

必須擴張思考範圍

我在各式各樣的地方回答問題，有時也會遇到雙方無法溝通的時候。

他們為什麼不看財報或數字呢？因為他們根本不覺得有必要，而且也由甚至稱不上專家的群體評估。「只要大家取得共識、獲得國家預算、做出厲害的東西，地方就能活性化」，當這樣的共通解成立時，討論的內容就只有該做什麼。明明從基礎就已經歪了，還只顧著討論該在上面蓋什麼東西，當然也不可能得到好的結果。

他們沒有考慮到關於將來的困難數字，也沒有考慮到如果失敗了，將會燒掉多少政策預算。我的意思不是責備不思考的人，或者覺得他們腦袋不靈光，問題在於「這些事情根本沒有被設定在思考的範疇裡」。所以，只要他們理解「必須考慮到這種程度」的重要性，事態就會好轉。本書提到的那些往前邁進的地方，無論官民都以某種形式擴張這方面的意識，並且帶來成果。

話雖如此，我在剛參與地方事務的高中一至二年級時，也完全無法想像如果沒有事業化管理，一定無法持續下去。雖然從高中三年級開始透過經營公司參與地方事務時，引進了公司經營的觀點，但依然缺乏經營整個地方的觀念。升上大學之後，我覺得必須要有以區域為單位經營的觀點不可，於是去了海外進行調查，這時我終於開拓了視野，看見地方永續發展的理想形式，同時也更廣義地認識到管理的重要性。最近不只商業領域，我與建築、農業、教育等廣泛領域的合作機會也逐漸增加。

我認為必須隨時擴張自己的意識範圍，所以我的目標是每年至少挑戰三個在過去的人生中沒有嘗試過的事情。因為對所有人來說，自己的意識範圍就是全世界。如果能夠保留時間擺脫社造幻想，拓展意識的範圍，重新站在客觀的角度思考，我想無論是個人的行動，還是地方的未來，都能看得更加深入。

重要的事情就是麻煩的事情

宮崎駿有一句名言：「重要的事情，通常都很麻煩。」地方事務也一樣，重要的事情通常都是麻煩事，所以會乾脆偷懶只考慮能夠爭取預算的內容，或是覺得與其提出拙劣的反駁造成紛爭，還不如拍手通過結束會議，不管對自己還是對大家都輕鬆。但這麼一來，就會迷失「重要的事情」。

反過來說，如果有什麼事情讓你覺得「唉，真麻煩」，這就是重要的事情。如果在地方成立事業，真的會到處引起糾紛。很多事情真的會讓人覺得很麻煩，但最後依然想辦法在這個部分堅持下去並做出成果，並將這次的經驗應用在下次的行動。

本書所寫的事情多半都是麻煩事。不要想那麼多，憑著既定和諧，做出馬馬虎虎的結論固然比較輕鬆，但如果這麼做，地方就很難邁向理想的未來。在十年前、二十年前發起什麼行動的地方，儘管有起有落，但還是發展得遠比什麼都不做、沒人願意面對麻煩事的地方更好。

即使這樣的行動沒有到從根本改變地方的程度，但仍然與什麼都沒做的地方不同，擁有閃閃發光的魅力，能夠創造接下來的作品，形成吸引全新人才的循環。因為多數人通常都會避開麻煩的事情，所以只要自己不嫌麻煩，成果絕對不會背叛自己。

這個世界由供需形成，大家都想做的輕鬆工作所剩不多，因為想做的人源源不絕。但只要完成沒人願意做的麻煩事，就能成為留給後世的成果。

想要走得快，還是想要走得遠

非洲有這樣一句諺語：「想要走得快就一個人走，想要走得遠就大家一起走。」地方的計畫也一樣。如果想要立刻、快速地行動，很多事情最好自己做。在很多時候，自己一個人試到不能再試為止，也是事業重要的基本原則。

然而，自己一個人確實有極限。這時就需要至少擴大成小型團隊才能繼續下去。就如同本書反覆強調的，個人的覺悟，是建立擺脫社造幻想的小型團隊，並進行挑戰的第一步。

另一方面，有時候也需要走到遠處，換句話說就是發展成一定程度的大型計畫。我想這得仰賴一個人或幾個人在不斷挑戰的同時，也逐漸去除周圍的人所抱持的社造幻想才能實現。為此，在剛開始的時候，展現靠著小型團隊擺脫幻想建立的事業所取得的成果就很重要。因為證據比理論更有說服力。即使再怎麼說都無法說服的人，看到眼前已經成形，而且涉及到許多人的成果時，也不得不認可。這時候只要寬宏大量地邀請對方加入，目的就達成了。

本書也經常提到的都市經營專家學院，就是我基於這樣的想法，與同伴一起創辦的學校。這家學院傳授的不是表面上的技法，我們體認到從根本之處分享觀念與如何面對事物的重要性，讓學員花半年以上的時間共同學習，並且為了增加在各地實踐的夥伴而持續至今。學院的畢業生已經超過三百五十名，做出優秀成果的學員也陸續出現，讓我打從心底感到期待，也成為我自己的刺激。同時，各地學員開始串聯，舉辦自主性企畫，也支援彼此的活動，實現不是自己地方的發展也非常有趣。

由此可知，在獨自挑戰的同時，也需要增加更多夥伴。不過，自己與夥伴之間也不需要總是一起工作，或者意識完全同步。平常處理自己本分內的工作，只要偶爾討論，就能不知不覺間在地方發起各種活動，最後創造地方、日本以及世界的未來。

本書抱持著這樣的想法，斗膽地探討存在於失敗結構中根本的思考規範。

本書希望能多少為那些在各個地方抱持著許多煩惱，好幾次都差點灰心喪志，但即使暗自流淚依然持續挑戰的人帶來力量。請務必持續努力下去。至於那些雖然想要採取行動，卻遲遲無法邁出腳步的人，請務必閱讀本書轉換思維，從今天開始跨出那一步。

我也會持續挑戰，我們一起加油吧！

希望新冠病毒帶來的混亂早日平息，我打從心底期待能與許多人聚在同一個場所共度的時光。我也舉辦了自主學習會「狂犬之旅」，到時候無論是實體還是線上活動都歡迎來參加。可以認識許多來自各地的夥伴。

最後由衷感謝全心全意協助本書編輯的坂口惣一先生，以及在撰稿時以各種形式提供協助的家人與夥伴。

二〇二一年二月吉日

参考文献

・高根正昭『創造の方法学』講談社、1979年
・渋沢栄一『論語と算盤』角川学芸出版、2008年
・中村良平『まちづくり構造改革―地域経済構造をデザインする』日本加除出版、2014年
・飯田泰之ほか『地域再生の失敗学』光文社新書、2016年
・諸富徹『人口減少時代の都市　成熟型のまちづくりへ』、中公新書、2018年
・川崎一泰『官民連携の地域再生―民間投資が地域を復活させる』勁草書房、2013年
・伊勢昇平『ブルーチーズドリーマー世界一のチーズをつくる。』エイチエス、2019年
・柳澤大輔『鎌倉資本主義』プレジデント社、2018年
・市来広一郎『熱海の奇跡』東洋経済新報社、2018年
・手塚純子『もしわたしが「株式会社流山市」の人事部長だったら』木楽舎、2020年
・清水義次ほか『民間主導・行政支援の公民連携の教科書』日経BP、2019年
・増田寛也『地方消滅』中公新書、2014年
・猪谷千香『町の未来をこの手でつくる紫波町オガールプロジェクト』幻冬舎、2016年
・村岡浩司『九州バカ世界とつながる地元創生起業論』サンクチュアリ出版、2018年
・島村菜津『スローシティ世界の均質化と闘うイタリアの小さな町』光文社新書、2013年
・村上敦『ドイツのコンパクトシティはなぜ成功するのか：近距離移動が地方都市を活性化する』学芸出版社、2017年

・藤野英人『ヤンキーの虎』東洋経済新報社、２０１６年
・富田高慶『報徳記』岩波書店、１９３３年
・土志田征一『経済白書で読む戦後日本経済の歩み』有斐閣、２００１年
・デービットアトキンソン『新・観光立国論』東洋経済新報社、２０１５年
・ジェインジェイコブズ『発展する地域衰退する地域：地域が自立するための経済学』筑摩書房、２０１２年
・エンリコモレッティ『年収は「住むところ」で決まる』プレジデント社、２０１４年
・ロバート・キーガンほか『なぜ人と組織は変われないのか』英治出版、２０１３年
・ピーターＭセンゲほか『学習する組織』英治出版、２０１１年
・マシュー・サイド『失敗の科学失敗から学習する組織、学習できない組織』ディスカヴァー・トゥエンティワン、２０１６年
・戸部良一ほか『失敗の本質』中央公論新社、１９９１年
・宇沢弘文『宇沢弘文　傑作論文全ファイル』東洋経済新報社、２０１６年
・砂原庸介『新築がお好きですか？日本における住宅と政治』ミネルヴァ書房、２０１８年
・原田泰『都市の魅力学』文春新書、２００１年
・人口問題研究所「将来推計人口・世帯数」http://www.ipss.go.jp/syoushika/tohkei/Mainmenu.asp
・東京都「東京都の人口（推計）」https://www.toukei.metro.tokyo.lg.jp/jsuikei/js-index.htm

國家圖書館出版品預行編目(CIP)資料

社造幻想：為什麼地方創生會失敗 / 木下齊作；林詠純譯
-- 初版. -- 臺北市：行人文化實驗室，行人股份有限公司，2023.06
240面；14.8×21公分
譯自：まちづくり幻想：地域再生はなぜこれほど失敗するのか
ISBN 978-626-97308-0-3(平裝)

1.CST: 社區總體營造　2.CST: 區域開發　3.CST: 日本

545.0931　112005828

社造幻想：
為什麼地方創生會失敗？
まちづくり幻想
地域再生はなぜこれほど失敗するのか

作　者：木下齊
譯　者：林詠純

總 編 輯：周易正
責任編輯：陳敬淳
編輯協力：林佩儀

封面設計：謝捲子@誠美作
版型設計：孫慶維
印　刷：博創印藝文化事業有限公司

定　價：360元

I S B N：978-626-97308-0-3

版　次：2023年06月 初版一刷

出版者：行人文化實驗室（行人股份有限公司）
發行人：廖美立
地　址：10074台北市中正區南昌路一段49號2樓
電　話：+886-2- 37652655
傳　真：+886-2- 37652660
網　址：http://flaneur.tw
總經銷：大和書報圖書股份有限公司
電　話：+886-2-8990-2588